BORIS VIAN

Ça m'apprendra à dire des conneries

Édition établie par Florian Madisclaire

ÉDITIONS MILLE ET UNE NUITS

Couverture : Cédric Parisot
Photographie de couverture : Boris et Ursula Vian en Normandie
© Cohérie Vian
Photographie de 4e de couverture : © Cohérie Vian

www.fayard.fr/mille-et-une-nuits

Dépôt légal : juin 2020
ISBN : 978-2-755-50763-8

Sommaire

« Personnellement, je trouve que tout ça,
ça fait bien du blablabla et en ce qui me concerne
j'ai préféré, vous vous en êtes rendu compte,
écrire une connerie plutôt que de faire
dans le genre "sérieux".
C'est trop facile. »

Boris Vian, *Correspondances*

Boris Vian n'est pas mort…

…et sa vie est palpitante.

Romancier, dramaturge, chanteur, écrivain, ingénieur, inventeur, parolier, poète, trompinettiste, traducteur, jazzologue, revuedepressiste, peintre, scénariste, acteur, pataphysicien… Boris Vian produisit une œuvre tentaculaire, à la fois éclectique et tourbillonnante. L'homme aux multiples pseudonymes (Bison Ravi, Vernon Sullivan, Prince de Saint-Germain-des-Prés, Baron Visi, Vernon Sinclair, Agénor Bouillon, S. Culape, Adolphe Schmürz, Boriso Viana, Gédéon Molle…) eut l'effet d'un météore dont la trajectoire laissa une trace indélébile sur la littérature et la musique françaises du XXe siècle.

Mais cette reconnaissance survint plus tard ; de son vivant, Boris Vian ne parvint pas à assiéger le paysage artistique de l'après-guerre. Souffrant de ne pas être reconnu pour son œuvre littéraire et se sachant condamné par sa maladie cardiaque, il continua néanmoins de créer avec une avidité et une intensité exceptionnelles. Et quand la fatigue d'un cœur trop modeste pour l'homme effréné qu'il était vint stopper sa course contre le temps, son impertinence et sa fantaisie lumineuse s'arrêtèrent brutalement, obligeant l'inclassable et incompris à laisser son œuvre insaisissable entre les mains trop lisses de son époque.

Mais laissez-moi vous confier quelque chose... En réalité, cela fait cent ans que Boris Vian n'est pas mort ! Et ne contredisons pas l'expression de L'Ourson[1] avant de l'avoir expliquée ! Cela fait un siècle et des centaines de mois de *janvril, févruin, marillet, avroût, juinet, octembre, novrier...* que Boris Vian est vivant. Vive Vian !

Célébrons cette occasion avec quelques-unes des mille et une citations géniales de Boris Vian ou de ses personnages. Pensées, rêveries et humeurs sont rassemblées ici comme un aperçu de l'infinie étendue de cette œuvre protéiforme.

Plongez dans l'univers désopilant de celui qui réinvente le monde, le colorie, le rend plus captivant sans jamais s'éloigner véritablement de la réalité.

---

1 Surnom d'Ursula, sa femme durant les dix dernières années de sa vie, qui déclarait dans la préface de *Mademoiselle Bonsoir*, publié à l'occasion du cinquantenaire de la naissance de Boris Vian : « Cela fait cinquante ans que Boris Vian n'est pas mort. »

Son œuvre est une invitation à appréhender la vie avec fantaisie, mélancolie et philanthropie.

Piochez dans ses romans, nouvelles, poésies, chansons, pièces de théâtre, scénarios, spectacles, chroniques, livrets d'opéra, articles de revues, lettres et griffonnages. Et alors vous n'en finirez pas d'être étonné de la troublante modernité de ses propos que nous avons empruntés à un roman, à une chanson, à un article sans oublier, promis, d'aller les remettre à leur place.

Boris Vian n'est pas mort ! Et son œuvre en témoigne. Malgré lui précurseur du rock'n'roll en France en ayant collaboré avec Henri Salvador et Michel Legrand sur un disque parodiant les futurs classiques du genre, il est également à l'origine du mot tube – on le remerciera volontiers de l'avoir substitué à « saucisson », terme en vigueur à l'époque pour désigner un succès musical. Boris Vian est à bien des égards l'artiste le plus actuel des auteurs centenaires, et mérite en ce point d'être redécouvert constamment.

Son humour décapant n'a pas pris une ride. À ceux qui sont acteurs ou victimes des ronflements, il propose : « Pour s'assurer que l'on ronfle, même si l'on est seul, il suffit de s'endormir dans un endroit où il y ait de l'écho, et de s'éveiller assez rapidement pour entendre l'écho du ronflement qui vous revient[1]. »

L'égalité des sexes demeure un combat de longue haleine, pour lequel Boris prévient : « Si on admet l'égalité de l'homme et de la femme, la politesse suffit et on n'a pas de raison de traiter une femme plus poliment qu'un homme[2] », ou encore : « Ma chère, il n'y a pas de femme frigide. Il n'y a que des hommes maladroits[3] ! »

Ceux qui se méfient de la différence, Boris les avertit : « Sachez que le mot "cocu" employé comme injure ne peut s'appliquer qu'à un célibataire – sinon c'est une constatation, et que le mot "pédé" ne devient également une insulte que si l'insulté ne l'est pas, etc. (Et que la meilleure façon d'injurier un pédéraste est de le traiter de sale hétérosexuel)[4] » ; « Après tout, être blanc, c'est une absence de pigments plutôt qu'une qualité spéciale. Et on ne voit pas pourquoi des types qui ont inventé la poudre se prétendraient supérieurs à tout le monde et devraient être autorisés à troubler les activités autrement intéressantes de la danse et de la musique[5]. »

---

1 *La Belle Époque*, Le Livre de poche, 2013.

2 *L'Herbe rouge*, Le Livre de Poche, 2019.

3 *J'irai cracher sur vos tombes*, Le Livre de Poche, 2012.

4 *Chroniques de jazz*, Pauvert,1977.

5 *L'Herbe rouge*, *op. cit.*

Dans l'ensemble de son œuvre artistique, Boris proclame sa profonde aversion pour ce fléau encore bien actuel qu'est la guerre: «Je regrette d'être de ceux à qui la guerre n'inspire ni réflexes patriotiques, ni mouvements martiaux du menton, ni enthousiasme meurtrier (Rosalie, Rosalie 1 !), ni bonhomie poignante et émue, ni piété soudaine — rien qu'une colère désespérée, totale, contre l'absurdité de batailles qui sont des batailles de mots mais qui tuent des hommes de chair[1]. »

Ma première rencontre avec Boris Vian remonte à mon entrée au collège. En ce temps-là, Boris a à peine une quarantaine d'années de plus que sa mort. Dès lors, j'ai compris que j'avais trouvé un ami secret. Un ami que l'on ne partage pas, jalousant les autres qu'ils puissent l'aimer autant que nous. Mon imaginaire adulte a été façonné par celui que Boris Vian m'a confié à l'enfance.

L'ampleur de son univers artistique est telle qu'elle exclut une possible exhaustivité. Si bien que je suis certain qu'une nouvelle lecture amènerait à une sélection totalement différente de celle-ci. Telle est l'œuvre de Boris: inépuisable et sans cesse inspirante, éternelle, comme lui. Je vous propose une sélection *que je sais qui me plaît,* aux citations éparses

1 *L'Équarrissage pour tous*, Le Livre de Poche, 2009.

et dissipées, à votre entière disposition et sans artifices. Un recueil où s'expriment aussi bien la fantaisie que l'angoisse de l'homme qui *voudrait pas crever.*

Florian Madisclaire

Note sur la présente édition

La couverture est une photographie de Boris et Ursula Vian en Normandie (Boris Vian est celui debout, le torse bombé et les biceps bandés), appartenant à la collection de la Cohérie Vian. Nous remercions chaleureusement Nicole Bertolt, la directrice du patrimoine de Boris Vian, de nous avoir permis de l'utiliser, et pour toute sa confiance accordée à l'élaboration de ce projet.

Le titre de ce recueil est une citation empruntée à Colin dans *L'Écume des jours.* Puisqu'une grande partie de l'œuvre de Boris Vian fut publiée après sa mort trop hâtive, il nous a semblé tout à fait à propos d'imaginer l'auteur nous déclarer en apprenant cette publication : *Ça m'apprendra à dire des conneries.*

Nous tenons à préciser que l'ordre croissant de la pagination de l'ouvrage est superfétatoire et n'a nul autre intérêt que celui de ne pas perturber le lecteur. L'ordre des pages n'ayant pour ainsi dire aucun sens, il n'y a aucune logique à trouver dans les numéros qui se trouvent au bas des pages.

C'est drôle, quand j'écris des blagues, ça a l'air sincère, et quand j'écris pour de vrai, on croit que je blague.

Propos.

Aussi longtemps qu'il existe un endroit où il y a de l'air, du soleil et de l'herbe, on doit avoir regret de ne point y être. Surtout quand on est jeune.

L'Herbe rouge

— Je veux penser à autre chose… Supposons que je me casse la gueule dans l'escalier… Le tapis de l'escalier, mauve très clair, n'était usé que toutes les trois marches: en effet, Colin descendait toujours quatre à quatre. Il se prit les pieds dans une tringle nickelée et se mélangea à la rampe. — Ça m'apprendra à dire des conneries.

L'Écume des jours

J'ai essayé de raconter aux gens des histoires qu'ils n'avaient jamais lues. Connerie pure, double connerie : ils n'aiment que ce qu'ils connaissent déjà.

Propos

Question : Quelles librairies peut-on considérer comme spécialement recommandables ? Réponse : Toutes celles où vous entrerez.

Manuel de Saint-Germain-des-Prés

Quand vous me dites que j'invente des mots, vous noterez que ce sont toujours des mots que personne ne connaîtrait non plus si je mettais les vrais mots, car au fond, personne ne sait le nom des fleurs qu'il y a dans le jardin le plus simple.

Propos

Je serai content quand on dira
Au téléphone – s'il y en a-t-encore
Quand on dira V comme Vian…
J'ai de la veine que mon nom ne commence pas par un Q
Parce que Q comme Vian, ça me vexerait.

« Le fond de mon cœur »

La seule vérité, en fin de compte, c'est de mener une vie passionnée, même si elle se rebelle et vous frappe au visage.

Propos

Ah ! que de volumes, que de volumes n'écrirait-on point, si l'on voulait dénoncer les ravages causés par la connerie absolue.

Manuel de Saint-Germain-des-Prés

Les sentiments et les sensations qui ont l'amour pour commune origine, sous la forme brute du désir comme sous les formes les plus raffinées du flirt intellectuel avec citations et philosophie ambiante sont sans nul doute, avec ceux qui se rattachent aux choses de la mort, si voisins d'ailleurs, les plus intenses et les plus violemment ressentis par l'humanité.

Écrits pornographiques

Les arbres au loin, paraissaient serrés les uns contre les autres et on aurait voulu en être un.

L'Herbe rouge

Les gens ne changent pas. Ce sont les choses qui changent.

L'Écume des jours

Il pinça vigoureusement l'extrémité d'un rayon de soleil qui allait atteindre l'œil de Chloé. Cela se rétracta mollement, et se mit à se promener sur des meubles dans la pièce.

L'Écume des jours

Je n'ai pas assez de goût pour les livres
Et je songe trop à vivre
Et je pense trop aux gens
Pour être toujours content
De n'écrire que du vent.

«J'aimerais»

C'est bien plus difficile de parler quand on n'est pas habillé. Essaie donc d'être sérieux sans pantalon !

Propos

La foi soulève des montagnes mais les laisse joyeusement retomber sur la tête de ceux qui ne l'ont pas.

Traité de civisme

La vérité, c'est que les gens attachent beaucoup trop d'importance aux mots et pas assez aux gestes qui les accompagnent.

La Belle Époque

La guerre c'est comme les augmentations sur l'essence ; ça se décide toujours très vite sans que personne en sache rien.

Le Goûter des généraux

Le malheur avec un type intelligent, c'est qu'il n'est jamais assez intelligent pour ne pas se dire qu'il est le plus intelligent.

Propos

Il y a des gens stupides qui déclarent sans galanterie et sans nuances : les femmes conduisent plus mal que les hommes. Moi, je ne fais pas partie de cette catégorie de mufles. J'ai un tout autre point de vue. J'estime qu'elles ne conduisent pas plus mal, certes, mais différemment. Dans la vie, j'essaie toujours d'être objectif et de nuancer mes opinions.

La Belle Époque

Je regrette d'être de ceux à qui la guerre n'inspire ni réflexes patriotiques, ni mouvements martiaux du menton, ni enthousiasme meurtrier (Rosalie, Rosalie 1 !), ni bonhomie poignante et émue, ni piété soudaine — rien qu'une colère désespérée, totale, contre l'absurdité de batailles qui sont des batailles de mots mais qui tuent des hommes de chair.

L'Équarrissage pour tous

Si une fustigation peut être agréable et présenter un intérêt érotiquement parlant, c'est à la condition qu'elle reste amoureuse et s'exerce avec le consentement du ou de la partenaire ; néanmoins, je ne suis pas personnellement renseigné sur cette pratique et je laisse la Comtesse et le Marquis se débrouiller avec leur Knout.

Écrits pornographiques

Si on habite la campagne, on a hâte d'aller à la ville, et une auto s'impose ; et quand on est à la ville, on a encore plus hâte de retourner à la campagne. Si on habite la ville, de deux choses l'une (ou l'autre). C'est une petite ville – auquel cas on n'a pas besoin d'auto, ou c'est une grande ville – auquel cas on n'a pas envie d'auto, parce qu'on ne peut plus klaxonner, ni se garer nulle part, ni écraser des gens sans avoir des ennuis, ni rien, quoi.

La Belle Époque

Il y a des boniches dans tous les milieux… c'est une mentalité, la boniche… ce n'est pas un état.

J'irai cracher sur vos tombes

Si vous n'avez jamais bu de bourbon glacé avec une paille, vous ne pouvez pas savoir l'effet que cela produit. C'est comme un jet de feu qui vous arrive sur le palais. Du feu doux, c'est terrible.

J'irai cracher sur vos tombes

Avez-vous songé que, depuis des siècles, on n'a jamais essayé d'améliorer ce système qui consiste à défaire le soir ce que l'on refera le lendemain ? J'ai mis au point le procédé du lit permanent à drap du dessous toujours sans plis, et drap du dessus toujours mobile. Faire son lit une fois tous les dix, douze jours, quand on change les draps, cela représente un progrès, non ?

La Belle Époque

Être satisfait ou gâteux, dit Wolf, c'est bien pareil. Quand on n'a plus envie de rien, autant être gâteux.

L'Herbe rouge

Qui veut acquérir l'immortalité doit-il donc s'astreindre à couler son œuvre dans le moule rigide du langage littéraire ? S'il gagne ainsi l'éclat du marbre, il en conserve la froideur.

La Belle Époque

Après tout, être blanc, c'est une absence de pigments plutôt qu'une qualité spéciale.

L'Herbe rouge

Il se dégonflait à ouïe d'oreille.

Les Fourmis

Personnellement, j'ai un faible pour les « intellectuels » et les gens cultivés et sensibles... ; il se trouve que je dispose également d'un support matériel (85 kg de barbaque) qui m'a toujours permis les relations les plus agréables avec les anti-intellectuels.

Chroniques de jazz

Il y a de-ci de-là, dans le monde et en dehors du monde [...] des bruits bizarres, combien que céruléens, dont on se sent tout contristé quand on vient à leur-z-y trébucher dessus.

Chroniques du menteur

Ce qui m'intéresse, ce n'est pas le bonheur de tous les hommes, c'est celui de chacun.

L'Écume des jours

Si l'on pouvait se procurer une femme aussi facilement qu'un verre de gin ou qu'un paquet de Gauloises et si l'on avait le loisir, comme l'alcool et la cigarette, de la déguster en plein air sans être obliger de l'enfermer dans une chambre sale et pas appétissante, l'alcoolisme et l'intoxication disparaîtraient promptement; ou retrouveraient à tout le moins des proportions acceptables.

Écrits pornographiques

Savoir qu'il existe des passions et ne pas les ressentir, c'est affreux.

L'Arrache-cœur

Je remercie en moi-même mes parents du physique qu'ils m'ont donné, il y en a qui remercient Dieu, je sais… mais entre nous, je trouve qu'ils mêlent Dieu à des histoires auxquelles il n'a réellement rien à voir. Quoi qu'il en soit, ma mère ne m'a pas loupé… mon père non plus… après tout il y est aussi pour quelque chose.

Et on tuera tous les affreux

On passe sa vie à romancer les motifs et à simplifier les faits.

Propos

Le Menteur, écrabouillé de joie à l'idée de retrouver ses lecteurs fidèles, s'excuse auprès d'eux de la longue durée de son silence, qu'il a occupé à tenter de se faire poursuivre pour outrage aux mœurs, à seule fin de prouver qu'il y en a encore (des mœurs).

Chroniques du menteur

L'histoire est entièrement vraie puisque je l'ai imaginée d'un bout à l'autre.

L'Écume des jours

Je t'aime bien mon bibi tu es un gentil bibi et je suis un sale bison mais qu'est-ce que tu veux qu'on y fasse, ça s'arrangera forcément un jour quand je serai mouru.

Correspondances

« Saint-Germain-des-Prés fait trop l'amour. » Comme si on pouvait le faire trop.

Manuel de Saint-Germain-des-Prés

La mort n'a rien de tragique. Dans cent ans chacun de nous n'y pensera plus.

Chroniques de jazz

Je crois qu'on va être obligés de demander du renfort parce que je viens d'entendre comme un grand bruit de sécateur, ils ont dû nous couper de nos arrières…

Les Fourmis

Je ne sais pas du tout ce qui est beau, mais je sais ce que j'aime et je trouve ça amplement suffisant.

Chroniques de jazz

C'est le premier 25 cm 33 tours d'un drôle d'individu nommé Gainsbourg Serge et né à Paris le 2 avril 1928. En ce qui me concerne j'espère que ce ne sera pas le dernier. En ce qui vous concerne, c'est vous qui pouvez faire que ce ne soit pas le dernier.

La Belle Époque

Et comment est votre fiancée ?... Elle est jolie... dit Fidèle. Elle a les joues lisses comme du porphyre poli, elle a des yeux comme de grosses perles noires, des cheveux roux foncés relevés en couronne, une poitrine de marbre, et elle a l'air d'être isolée du reste du monde par une petite grille de fer forgé.

Noémi était vraiment jolie, même après que le camion l'eut projetée contre le trottoir.

Les Fourmis

L'humour, c'est la politesse du désespoir.

L'Écume des jours

À chaque note, dit Colin, je fais correspondre un alcool, une liqueur ou un aromate. La pédale forte correspond à l'œuf battu et la pédale faible à la glace.

L'Écume des jours

J'ai dû mettre un système d'enclenchement spécial, parce que lorsque l'on joue un morceau trop hot, il tombe des morceaux d'omelette dans le cocktail et c'est dur à avaler.

L'Écume des jours

Les gens sans imagination ont besoin que les autres mènent une vie régulière.

Propos

Elle restait plantée là, jolie et muette comme une porcelaine de saxe aphone.

La Belle Époque

Elle a des cheveux d'eau sous le soleil et je voudrais cerner sa taille de mes bras durs et la faire expirer sous des baisers sangsuels.

Les Fourmis

Méfiez-vous des paresseux qui ont des passions, ils y pensent tout le temps qu'ils se reposent.

La Belle Époque

Un mort, continuait Wolf, c'est bien. C'est complet. Ça n'a pas de mémoire. C'est terminé. On n'est pas complet quand on n'est pas mort.

L'Herbe rouge

Avez-vous remarqué qu'on dit rendre la justice? Ils l'ont donc prise? Alors on nous fait juger par des voleurs?

Traité de civisme

Je ne peux pas vous regarder sans penser que vous êtes faites pour autre chose que pour parler, et cela m'est difficile de vous parler sans vous regarder. Mais je veux bien continuer à parler avec vous.

J'irai cracher sur vos tombes

Je m'applique volontiers à penser aux choses auxquelles je pense que les autres ne penseront pas.

Lettre à Jean Hugues Sainmont du 23 décembre 1954, Cohérie Boris Vian © Collège de 'Pataphysique

C'était une grêle de coups qui pleuvait, si l'on peut dire qu'une pluie peut grêler.

L'Arrache-cœur

Ma chérie jolie, écris encore ça me fait tellement du bien et après mon cœur bat tout lentement et tout droit.

Correspondances

On roule la vie dans des peaux d'ânes comme on met dans des cachets les poudres amères, pour vous les faire avaler sans peine… mais voyez-vous, Monsieur Brul, je sais maintenant que j'aurais aimé le vrai goût de la vie.

L'Herbe rouge

À l'intérieur du thorax, ça lui faisait comme une musique allemande, où on n'entend que la grosse caisse.

L'Écume des jours

Il croyait qu'en faisant le bien, on récoltait le bien, or, quand ça arrive, ce n'est qu'un hasard.

J'irai cracher sur vos tombes

La nuit d'encre jaune était hachée par les pinceaux lumineux et filiformes qui tombaient des étoiles sous des angles variés.

L'Automne à Pékin

J'ai un mal affreux à m'arracher aux bras de ma charmante amie, mais les aiguilles de ma montre ne savent pas ce que c'est que l'amour et je dois leur obéir.

Et on tuera tous les affreux

Du temps que les femmes ne votaient pas, on faisait la guerre pour elles. Maintenant qu'elles votent, on la fait pour le pétrole. Est-ce un progrès ?

Traité de civisme

Faire rire aux dépens de la guerre – c'est tout ce que je pouvais faire. C'est peut-être conformiste mais que voulez-vous. La guerre, je trouve ça très bête et je ne pouvais pas en parler sérieusement…

Correspondances

Au fait, je connais deux moyens de tuer quelqu'un : ou bien l'empêcher de vivre ou bien le faire mourir. Le premier n'est pas compromettant mais je me moque pas mal des compromissions.

Chroniques du menteur

C'est drôle comme les gens qui se croient instruits éprouvent le besoin de faire chier le monde.

Les Fourmis

Questions essentielles que se posent les jeunes et d'autres : celle de l'attitude qu'il faut avoir « dans la vie », alors qu'on n'est pas dedans ; la vraie question c'est « quelle vie faut-il se faire ? ».

Traité de civisme

Certains essaient d'écrire ce qui diffère le plus de ce qu'ils connaissent.

Traité de civisme

J'ai reçu ton muguet un peu écrabouillé. Mais enfin il avait encore un peu d'odeur. Je viens de le coller dans un verre d'eau pour adoucir ses derniers moments. J'espère que ça lui fera plaisir.

Correspondances

À quoi bon soulever des montagnes quand il est si simple de passer par-dessus ?

L'Automne à Pékin

On est arrivés ce matin et on n'a pas été bien reçus, car il n'y avait personne sur la plage que des tas de types morts ou des tas de morceaux de types, de tanks et de camions démolis. Il venait des balles d'un peu partout et je n'aime pas ce désordre pour le plaisir.

Les Fourmis

Ni militaires, ni prêtres parce que mon rêve a toujours été de mourir sans intermédiaire.

Propos

Ma chère, il n'y a pas de femme frigide. Il n'y a que des hommes maladroits!

J'irai cracher sur vos tombes

On ne voit pas bien l'intérêt d'une grosse fortune si l'on doit perdre le sommeil et avoir des ulcères à l'estomac. En pareille matière, on ne saurait s'embarquer sans précautions multiples, et je recommande à qui le milliard pend au nez: n'acceptez pas les yeux fermés de devenir milliardaire.

La Belle Époque

Mieux vaudrait apprendre à faire l'amour correctement que de s'abrutir sur un livre d'histoire.

L'Herbe rouge

Le soleil dépliait lentement ses rayons et les hasardait, avec précaution, dans les endroits qu'il ne pouvait atteindre directement, les recourbant à angles arrondis et onctueux, mais se heurtait à des choses très noires et les retirait très vite, d'un mouvement nerveux et précis de poulpe doré.

L'Écume des jours

Il ne pouvait pas gémir et dégueuler en même temps, grave lacune due à une éducation trop bourgeoise.

L'Automne à Pékin

Le travail, c'est ce qu'on ne peut pas s'arrêter de faire quand on a envie de s'arrêter de le faire.

Traité de civisme

Mon bibi raconte-moi tes pensées et dis-moi si tu préfères les tomates farcies ou pas farcies, et des choses intimes comme ça et est-ce que tu sors et qui tu vois et tout. Je te bise, rebise, contrebibise, et polybise Bison

Correspondances

Sunday Love… Drôle d'idée. Ça fait un peu campagnard. Surtout, ça ne lui va pas du tout. Je suis persuadé que cette fille ne se contente pas de faire l'amour le dimanche.

Et on tuera tous les affreux

Il y a un paradoxe amusant dans le fait que le gouvernement encourage par tous les moyens les citoyens à boire du cognac et à griller de l'herbe puante, et dans le même temps arrête et condamne les satyres qui ne font en somme que tenter d'exercer une fonction parfaitement normale mais compliquée à plaisir par les préjugés et autres règlements. Ou plutôt, il n'y a pas de paradoxe : ce sont les deux aspects d'une conspiration pour le nuisible. Car il est parfaitement sain, physiquement parlant, de se livrer avec une partenaire choisie à toutes les possibilités du joyeux mystère, selon la plaisante expression de nos pères, tandis que l'on attrape des cirrhoses à boire de l'alcool.

Écrits pornographiques

Il n'y a pas de souvenirs, c'est une autre vie revécue avec une autre personnalité qui résulte pour partie de ces souvenirs eux-mêmes. On n'inverse pas le sens du temps à moins de vivre les yeux fermés, les oreilles sourdes.

L'Herbe rouge

Elle avait une ligne à réveiller un membre du Congrès.

J'irai cracher sur vos tombes

Les musiciens étaient serrés comme des sardines dans la voiture et soufflaient pour se venger, dans leurs instruments, ce qui, de la part des violonistes, produit un bruit abominable.

L'Écume des jours

Doué d'une naïveté permanente, il vivait plus que les autres.

Le Loup-Garou et autres nouvelles

On se trouve toujours des excuses pour vivre.

Propos

La bouteille vide ayant conscience de son inutilité totale, s'étrécit et se tassa, se tsantsa et disparut.

L'Herbe rouge

Le jour où personne ne reviendra d'une guerre, c'est qu'elle aura enfin été bien faite.

Thieri Foulc et Paul Gayot, *Vian et la 'Pataphysique*

Quant à prétendre qu'un livre peut vous donner le désir de faire des choses que l'on y lit, c'est aller contre la vérité ; car si l'on veut bien se reporter au temps de l'invention de toutes ces coutumes plaisantes de l'érotologie, on doit reconnaître qu'il y a bien quelqu'un qui en a eu l'idée le premier, et sans manuel… L'homme, que je sache, a précédé le livre.

Écrits pornographiques

Je ne veux pas gagner ma vie, je l'ai.

L'Écume des jours

Les femmes compliquent la vie des hommes pour obliger ceux-ci à la simplifier et entretenir en eux la flamme créatrice.

La Belle Époque

Terre Lune, Terre Lune
Ce soir j'ai mis mes ailes d'or
Dans le ciel comme un météore
Je pars

« Terre-Lune »

L'emploi du conditionnel, observa Jacquemort, est fréquemment un aveu d'impuissance ou de vanité.

L'Arrache-cœur

Il y a deux façons de ne plus avoir envie de rien: avoir ce qu'on voulait ou être découragé parce qu'on ne l'a pas.

L'Herbe rouge

Le temps perdu, c'est le temps pendant lequel on est à la merci des autres.

Propos

Mais on a toujours quelque chose qui vous manque. Autant que ce soit quelque chose d'important.

L'Arrache-cœur

Lazuli se mit à grelotter, le froid de la vie lui gelait le cœur.

L'Herbe rouge

Ainsi va-t-il de la musique et de l'obscurité dont l'association est onctueuse et vous met un pansement sur l'âme.

L'Arrache-cœur

Coucher ensemble quand on s'aime, dit Lolo… eh bien, il n'y a rien de mieux !… Et rien de plus propre…

Rue des ravissantes

Tous les grands orchestres de danse sont blancs. Certainement, les Blancs sont bien mieux placés pour exploiter les découvertes des Noirs.

J'irai cracher sur vos tombes

Le temps n'est pas encore venu où la justice régnera sur cette terre pour les hommes noirs.

J'irai cracher sur vos tombes

Sur Simone de Beauvoir, agrégée de philosophie depuis 1929, on a raconté des tas de salades, comme sur Sartre d'ailleurs. [...] Je rappelle simplement que le lancement récent de Saint-Germain-des-Prés est en grande partie dû à leur renom littéraire, et que si les tôliers du coin avaient trois sous d'honnêteté, Simone de Beauvoir et Sartre devraient consommer gratis dans tous les bistrots qu'ils ont lancés.

Manuel de Saint-Germain-des-Prés

Une solution qui vous démolit vaut mieux que n'importe quelle incertitude.

L'Herbe rouge

Comment sait-on que l'on ronfle si l'on est seul? Et l'on en déduit la conséquence subite: l'homme seul n'est jamais discourtois. Pour s'assurer que l'on ronfle, même si l'on est seul, il suffit de s'endormir dans un endroit où il y ait de l'écho, et de s'éveiller assez rapidement pour entendre l'écho du ronflement qui vous revient.

La Belle Époque

Armstrong il peut jouer la *Marseillaise* au tuba demain matin sous les fenêtres à Vincent, se déculotter devant l'Arc de Triomphe, épouser Jacques Fath ou la Bégum, scier la colonne Vendôme avec une fourchette bleue et manger des huîtres tout nu en courant le long des Tuileries, il aura quand même gravé trois cents faces (au moins) inoubliables. Et ça, *Ça ne sera jamais mort.*

Chroniques de jazz

Si tout le monde avait le même goût, ce serait drôlement dur de se marier (au sens biblique du mot).

Chroniques de jazz

La raison d'être du militaire, c'est la guerre. La raison d'être de la guerre, c'est l'ennemi. Un ennemi habillé en militaire est deux fois un ennemi pour un antimilitariste.

Les Bâtisseurs d'empire

Personnellement, je trouve que tout ça, ça fait bien du blablabla et en ce qui me concerne j'ai préféré, vous vous en êtes rendu compte, écrire une connerie plutôt que de faire dans le genre « sérieux ». C'est trop facile.

Correspondances

La guitare, c'est un instrument qui vous rend paresseux. On la prend, on en joue un air et puis on la laisse, on flemmarde, on la reprend pour plaquer un ou deux accords ou s'accompagner pendant qu'on siffle. Les journées passent vite comme ça.

J'irai cracher sur vos tombes

Si tout le monde avait été contre l'évolution, on serait encore dans les cavernes à téter des grizzlys domestiques.

Chroniques de jazz

Je suis toujours debout sur la mine [...]. Je n'ai gardé que mon carnet et mon crayon. Je vais les lancer avant de changer de jambe et il faut absolument que je le fasse parce que j'en ai assez de la guerre et parce qu'il me vient des fourmis.

Les Fourmis

S'amuser comme des petits fours.

Boris Vian, cent ans

J'aime ce qui n'a pas de sens, ça réveille les cellules du cerveau. La fantaisie est un ingrédient nécessaire dans la vie.

L'Automne à Pékin

N'importe quoi, sauf la vérité. Il n'y a que ça qui ne se vend pas.

Chroniques de jazz

Le vol du bourdon se dit « Il volo del Calabrone ». J'aurais cru que ça voulait dire « le bandit calabrais ». Voilà comment s'établissent les confusions horribles, funestes au rapprochement des peuples.

Chroniques de jazz

Les articles de fond ne remontent pas à la surface.

Chroniques de jazz

— Je ne crois pas que vous pensiez ce que vous dites.

— Je ne sais pas ce qu'il faudrait que je dise pour que vous croyiez que je le pense.

J'irai cracher sur vos tombes

On ne comprend pas une œuvre, on comprend l'homme qui l'a faite, et il faut d'abord, je le crois, aimer l'œuvre, qui vous donne le goût de comprendre l'homme.

Chroniques de jazz

La cave du « Tabou », aux environs de deux heures du matin, est une bouche de l'enfer. La taverne est si enfumée qu'on dirait qu'une locomotive vient de la traverser et d'y laisser sa vapeur. Certaines nuits les existentialistes, qu'on n'aperçoit plus qu'à travers un brouillard, se lancent en hurlant dans des jitterbugs et des boogiewoogies forcenés.

Manuel de Saint-Germain-des-Prés

L'intérêt que le public français prend parfois aux chansons américaines vient souvent de ce qu'il ne comprend pas les paroles.

Chroniques de jazz

N'écartez aucun rideau, n'ouvrez nulle porte. Jean Cocteau est derrière, et il est chez lui dans ce Saint-Germain-des-Prés qui hait la mortelle somnolence des jours identiques.

Manuel de Saint-Germain-des-Prés

Si étant courtois avec un petit nombre de gens, on risque d'être discourtois avec un grand nombre de gens, vaut-il mieux pas s'abstenir ?

La Belle Époque

Le propre du militaire est le sale du civil.

Propos

Pour que le travail s'accomplisse avec intérêt, voire plaisir, il faut en supprimer le caractère obligatoire.

Traité de civisme

Le Maire toussota dans son cornet acoustique et prit la parole par le cou pour l'étrangler mais elle tint bon.

L'Herbe rouge

Ma chère maman. J'ai oublié mon stylo à la boîte et de ce fait je t'écris avec le stylo à Zizi. Ce qui change mon écriture un tantinet.

Correspondances

De même que le pluriel de maréchal n'est pas en réalité celui que l'on donne couramment, le pluriel de « un général », est « des générés » — il suffit d'en prendre deux à la fois pour pouvoir les enfermer par paires dans les asiles de fous. — L'ennui, c'est qu'il y a toujours un nombre impair de généraux. (Ils connaissent le coup.)

Chroniques du menteur

L'attente est un prélude sur le mode mineur.

L'Écume des jours

Il pleut peut-être à Saint-Germain-des-Prés, mais seulement sur ceux qui n'y vivent pas.

Manuel de Saint-Germain-des-Prés

Les prophètes ont toujours tort d'avoir raison.

L'Herbe rouge

Pour qu'il y ait passion, il faut que l'union soit brutale, que l'un des corps soit très avide de ce dont il est privé et que l'autre possède en très grande quantité.

L'Herbe rouge

On n'est libre que lorsqu'on a envie de rien, et un être parfaitement libre n'aurait envie de rien.

L'Arrache-cœur

Je suis formellement partisan d'une spirale oblique, figure qui permet le retour en arrière au moment même que l'on progresse.

Propos

Je voudrais pas crever avant d'avoir usé
Sa bouche avec ma bouche,
Son corps avec mes mains,

Le reste avec mes yeux.
J'en dis pas plus, faut bien rester révérencieux.

«Je voudrais pas crever»

Devrait être considérée comme ressortissant à la littérature érotique toute œuvre d'art donnant au lecteur le désir d'aimer physiquement, que ce soit directement ou par représentation interposée.

Écrits pornographiques

De haute taille, les épaules bosselant l'habit bien coupé, il semblait bâti à coups de pied dans le cul.

Trouble dans les Andains

Et je vous chéris et vous fête
Car les mauvais rêves sont longs
Si ce sont les bons qu'on regrette.

« Haute Philosophie »

Le travail, c'est la liberté. La liberté, c'est celle des autres. Le travail, c'est celui des autres.

Traité de civisme

Au milieu de votre critique vous déplorez, nous l'avons senti, la facticité de notre caisse de dynamite finale. Ceci nous titilla et nous vous proposons de la remplacer par une vraie. Mais vous viendrez – au moins le premier soir ?

Correspondances

Il était si gentil qu'on voyait ses pensées bleues et mauves s'agiter dans les veines de ses mains.

L'Écume des jours

De rose et de lumière
Comme le goût de ta bouche

« De velours et de soie »

Pourquoi les chanteuses jolies sont-elles toujours mariées au saxo-ténor de l'orchestre ? Et est-ce pour ça que tout le monde joue du saxo-ténor ?

Chroniques de jazz

Un jour il y aura autre chose que le jour.

« Un jour »

De l'amour lente naît l'époux.
J'ai toute ma tête au bout de ton cou.

« De l'amour lente… »

Vous travaillez contre l'homme. Ça vous amuse, de consommer cinq litres et d'avoir dix mille balles de réparations par mois ? Je préfère brûler dix, douze litres et astiquer mes cuivres de temps en temps. Vos voitures ne sont pas honnêtes : on paye, et on n'a qu'une éphémère demi-satisfaction.

La Belle Époque

Ce qui m'intéresse c'est l'exception, le cas général pouvant être considéré comme une exception non exceptionnelle et par conséquent sans aucun intérêt.

Propos

La vie, c'est beau et c'est grand.
Ça comporte des phases alternées
Avec une régularité qui tient du prodige
Puisqu'une phase en suit toujours une autre
La vie, c'est plein d'intérêt.
Ça va, ça vient… comme les zèbres.

« Précisions sur la vie »

Un humoriste n'a pas le droit d'être gai. Il peut rire, certes, mais il doit toujours traîner dans son rire un écho du grelot funèbre des prophètes.

Le Goûter des généraux

C'est les jeunes qui se souviennent. Les vieux, ils oublient tout.

Les Bâtisseurs d'empire ou le Schmürz

L'amour engendre la jalousie, qui en est la preuve.

Traité de civisme

Prendre un coup de tête ce n'est rien. Être drogué deux fois de suite dans la même soirée, ce n'est pas trop pénible... Mais sortir prendre l'air et se retrouver dans une chambre inconnue, avec une femme, tous les deux dans le costume d'Adam et Ève, ça commence à être un peu fort.

Et on tuera tous les affreux

Axiome : Retirez le Q de la coquille : vous avez la couille, et ceci constitue précisément une coquille.

Manuel de Saint-Germain-des-Prés

Avec des si, on scierait.

Traité de civisme

L'écrivain est dans la situation d'un muet pieds et poings liés qui ferait marcher un phonographe en poussant la manivelle avec son nez.

Écrits pornographiques

On se rappelle beaucoup mieux les bons moments ; alors, à quoi servent les mauvais ?

L'Écume des jours

On ne connaît la loi que lorsque les gens l'enfreignent.

La Belle Époque

C'est là que j'me méfie…
Car il y a du travail dans la vie
Moi j'aime pas l'travail mais j'aime bien la vie

J'irai cracher sur vos tombes

Après tout, le rôle d'un psychiatre, c'est clair, c'est de psychiatrer.

L'Arrache-cœur

On s'obstine toujours à attacher les gens avec des cordes, alors que c'est tellement plus facile de les clouer.

L'Équarrissage pour tous

Elle avait dû mourir à jeun. C'est meilleur pour la santé.

Les Fourmis

On est cinoque à tout âge.

Propos

L'or est inutile puisqu'il ne peut rien acheter avec. Donc, c'est la seule chose valable. Ça n'a pas de prix.

L'Arrache-cœur

Je voudrais pas mourir
Sans qu'on ait inventé
Les roses éternelles
La journée de deux heures
La mer à la montagne
La montagne à la mer
La fin de la douleur
Les journaux en couleur
Tous les enfants contents
Et tant de trucs encore
Qui dorment dans les crânes
Des géniaux ingénieurs
Des jardiniers joviaux
Des soucieux socialistes
Des urbains urbanistes
Et des pensifs penseurs

«Je voudrais pas crever»

Ça se console tout seul un homme, dit Wolf en rentrant dans son bureau. Il mentait avec naturel et sincérité. Ça se console exactement comme une femme.

L'Herbe rouge

On est toujours déguisé alors autant se déguiser. De cette façon, on n'est plus déguisé.

Propos

Elle sentait distinctement et décidément le savon. Au diable. Autant coucher avec une machine à laver.

Les morts ont tous la même peau

Les Deux Magots jouissent d'une situation infiniment préférable. Cette équerre qui joint le boulevard et la jolie place Saint-Germain n'a pas d'équivalent à Paris.

Manuel de Saint-Germain-des-Prés

Quand on se voit milliardaire, on se voit toujours en train de dépenser le milliard, jamais en train de le gagner. Le dépenser, nous sommes bien d'accord, tout le monde le pourrait.

La Belle Époque

Puisque vous avez un désir, vous êtes libre.

L'Arrache-cœur

Hélas, l'Amérique, pays de Cocagne, est aussi la terre d'élection des puritains, des alcooliques, et de l'enfoncez-vous-bien-ça-dans-la-tête : et si l'on s'efforce en France à plus d'originalité, on n'éprouve nulle peine, outre-Atlantique, à exploiter sans vergogne une formule qui a fait ses preuves. Ma foi, c'est une façon comme une autre de vendre sa salade.

J'irai cracher sur vos tombes

Il n'y a pas de choses avec lesquelles on ne plaisante pas, il n'y a que des gens qui ne comprennent pas la plaisanterie. Mais il y a des plaisanteries qui n'en sont pas.

Propos

Je voudrais me retirer dans un coing. À cause de l'odeur. Et puis parce que j'y serais tranquille…

L'Écume des jours

Les livres sont très chers, et tout cela y est pour quelque chose ; c'est bien la preuve que les gens se soucient peu d'acheter de la bonne littérature ; ils veulent avoir lu le livre recommandé par leur club, celui dont on parle, et ils se moquent bien de ce qu'il y a dedans.

J'irai cracher sur vos tombes

100 ans sur une petite terre dans un petit système solaire d'une petite galaxie d'un petit univers. Rien, quoi. Vraiment rien. Et tout en même temps, mais de l'intérieur seulement.

Correspondances

J'ai pris ma chair entre mes dents, j'ai mis mon âme dans ma main.

J'irai cracher sur vos tombes

Le ridicule ne tue nulle part mais, aux U.S.A., il enrichit drôlement.

L'Arrache-cœur

— Que fait votre père, Mademoiselle Serre-Feuille ?

— Mon père scie.

Trouble dans les Andains

De nos jours, on n'est pas fichu de donner aux rues d'autres noms que ceux d'architectes, de médecins ou de militaires ; en ce qui concerne ces derniers, c'est vraiment un comble, car ce sont eux qui les démolissent chez les autres, les rues.

Manuel de Saint-Germain-des-Prés

On commence à avoir des malheurs quand on a cessé de ne penser qu'à soi.

Propos

Je suis vide. Je n'ai que gestes, réflexes, habitudes. Je veux me remplir. C'est pourquoi je psychanalyse les gens. Mais mon tonneau est un tonneau des Danaïdes. Je n'assimile pas. Je leur prends leurs pensées, leurs complexes, leurs hésitations, et rien ne me reste. Je n'assimile pas, ou j'assimile trop bien..., c'est la même chose. Bien sûr, je conserve des mots, des contenants, des étiquettes ; je connais les termes sous lesquels on range les passions, les émotions mais je ne les éprouve pas.

L'Arrache-cœur

Refusez d'obéir
Refusez de la faire
N'allez pas à la guerre
Refusez de partir

« Le déserteur »

Il me faudra des mois, des mois, pour que je me rassasie des baisers à vous donner. Il faudra des ans de mois pour épuiser les baisers que je veux poser sur vous, sur vos mains, sur vos cheveux, sur vos yeux, sur votre cou...

L'Écume des jours

Des récifs noirs émergeaient de place en place, huilés par le ressac et couronnés d'un anneau de vapeur. Le soleil corrodait la surface de la mer et la salissait de graffiti obscènes.

L'Arrache-cœur

Le côté déprimant des temps modernes est la fâcheuse nécessité qu'ils impliquent de la nullité des temps anciens.

Propos

Dieu c'est la volupté du superflu. Vous ne songez qu'au nécessaire.

L'Arrache-cœur

Les cons continuent de voler et les autres de les regarder.

Propos

Je devrais vous conseiller de vous adresser à Dieu, mais j'ai peur que pour une si faible somme, ce ne soit contre-indiqué de le déranger.

L'Écume des jours

Lire des livres érotiques, les faire connaître, les écrire, c'est préparer le monde de demain à la vraie révolution.

Écrits pornographiques

Est-ce que, du point de vue moral, il est recommandable de payer ses impôts, pour avoir, en contrepartie, le droit de se faire saisir, parce que d'autres paient des impôts qui servent à entretenir la police et les hauts fonctionnaires? C'est un cercle vicieux à briser, que personne n'en paie plus pendant assez longtemps et les fonctionnaires mourront tous de consomption et la guerre n'existera plus.

L'Écume des jours

Rue des Saints-Pères: Le nombre de saints Trucs ou de saints Machins qu'il y a dans ce sixième est vraiment affolant.

Manuel de Saint-Germain-des-Prés

La critique, art aisé, se doit d'être constructive.

Chroniques du menteur

Quand on ne sait rien, on peut tout de même trouver des choses, avec de l'imagination.

Les morts ont tous la même peau

Les journalistes apprécient énormément la confusion car elle leur permet de dissimuler leur ignorance totale des sujets qu'ils traitent sans être qualifiés pour le faire ; naturellement, tous nos amis font exception à cette règle !

Derrière la zizique

Ma chère mère. Je suis à Saint Tropez. Je ne me baigne pas. Je ne me mets pas au soleil. Je ne bouffe pas, sauf des suppositoires, encore les bouffe-je du mauvais côté.

Correspondances

Le déserteur est une chanson nullement antimilitariste mais, je le reconnais, violemment procivile.

En avant la zizique

Le luxe, ça serait d'acheter les immeubles de tout un côté de l'avenue de l'Opéra et de les raser, puis de les remplacer par un énorme champ de pois de senteur avec, au milieu, une maisonnette extrêmement confortable, mais d'une seule chambre. Voilà le luxe.

La Belle Époque

Le plus beau spectacle populaire de New York, c'est la parade devant le palais du maire. Mais personne n'a le droit d'y assister, aussi les jours où elle a lieu, la municipalité fait pleuvoir artificiellement, alors elle n'a pas lieu. Autrement, il serait très difficile d'empêcher les gens de regarder, parce que c'est vraiment un coup d'œil féerique.

Chroniques du menteur

La vérité n'est pas du côté du plus grand nombre, effectivement, parc' qu'on n'veut pas qu'elle y soit. Le jour où le plus grand nombre sera à même, par sa culture et ses connaissances, de choisir lui-même sa vérité, il y a peu de chances pour qu'il se trompe.

Propos

À quoi est due la mort d'Adam et Ève ? C'était une erreur de Genèse.

Propos

On ne reste pas parce qu'on aime certaines personnes ; on s'en va parce qu'on en déteste d'autres. Il n'y a que le moche qui vous fasse agir. On est lâches.

L'Arrache-cœur

Un existentialiste est un homme qui a du Sartre sur les dents.

Manuel de Saint-Germain-des-Prés

L'instituteur chercha quelque temps ce que pouvait être le contraire d'un âne et cet effort l'épuisa tant qu'il devint tout mou et mourut sans se relever.

Les Fourmis

Deux fois à l'église dans la même journée, et pendant dix ans je ne vais peut-être pas y remettre les pieds. Ou peut-être neuf ans et demi.

L'Arrache-cœur

Les musiciens de jazz ont fait du jazz avant de savoir ce qu'ils faisaient ; nouveaux Jourdain, ils ont créé avant d'analyser. Il en va de même dans tout art : le besoin de s'exprimer précède l'expression, et l'exégèse vient ensuite.

Derrière la zizique

Ce que de stupides critiques ont appelé « musiques de sauvages » est devenu, de par le monde entier, la seule musique qui transcende les nationalités et les croyances, qui chasse les préjugés sous le formidable coup de balai de la détente et de la joie et qui mérite seule peut-être l'épithète de musique civilisée.

Écrits sur le jazz

Puisque l'amour, qui est tout de même, je le répète, le centre d'intérêt de la majorité des gens sains, est barré et entravé par l'État, comment s'étonner que la forme actuelle du mouvement révolutionnaire soit la littérature érotique ?

Écrits pornographiques

Dans ces pays où le pied règne en maître, il serait bon que le mètre prît pied.

L'Automne à Pékin

Claude caressa la couverture qui cessa de s'agiter et consentit à le laisser se lever.

L'Automne à Pékin

En principe, j'étais pour les mélanges. Mais je suis bien forcé de me rendre compte de l'égoïsme de cette opinion : bien sûr que c'est agréable de jouer avec des Noirs. Mais qui en tire profit ? Sûrement pas eux.

Écrits sur le jazz

J'aime bien les dictionnaires ; c'est une lecture extrêmement reposante et, au fond, on pourrait simplifier toutes les bibliothèques à un dictionnaire. Tout est dans le dictionnaire : on n'a qu'à remettre dans le bon ordre et on a tous les livres.

Radio Vian, Œuvres, tome 15

Mon nounourse, écris-moi un petit peu encore et des lettres pleines de passion, ça me facilitera ces pénibles moments – aujourd'hui, il fait assez beau, alors je suis assez de bonne humeur mais je veux mon nounours. Je te bise cent sept fois choisis tes coins mon minet. à bientôt ton bison

Correspondances

Je lance un défi à n'importe quel milliardaire : je le mets sur la paille en moins d'un an, rien qu'avec des projets constructifs et sains d'aspect. Chiche.

La Belle Époque

J'aime moins l'argent que vous puisque j'en dépense plus.

Propos

Suivant une expression qui m'est coutumière une fois tous les sept ans, je vous entraîne immédiatement au pubis même du sujet.

Chroniques du menteur

La douleur est une chose que l'on n'a le droit d'infliger qu'à soi-même.

Traité de civisme

Évolution inéluctable qui, parallèlement à ce grand courant partant du singe pour aboutir à l'homme, part de l'homme pour aboutir à l'imbécile.

Propos

Je ne suis pas de ces brutes malavisées qui soulèvent des problèmes et les laissent retomber sauvagement sur la gueule de leur prochain.

Propos

Je cherchais par tous les moyens à comprendre pourquoi les ingénieurs et les industriels s'étaient donné tant de mal pour arriver à construire les engins incommodes et fragiles qui infestent les routes actuelles.

La Belle Époque

Je ne pêche que sans hameçon pour ne pas étriper les poiscailles, que je tiens en estime vu qu'ils causent peu.

Thieri Foulc et Paul Gayot, *Vian et la 'Pataphysique*

Quelle que soit la période où vous vous insériez dans une structure historique, il se trouve une bande de schnocks pour affirmer « de notre temps, c'était mieux » et qui oublient que ce « c' » ne désigne qu'eux-mêmes. De leur temps, c'est eux qui avaient vingt ans… et ils étaient mieux, c'est certain ; il n'y a qu'à les voir maintenant, ils ne pouvaient pas être pires, ça ne serait pas humain.

En avant la zizique

Je ne peux pas avoir d'opinion sur quelque chose dont je ne sais rien. Ou alors ça sera une opinion en l'air et ça ne sert à rien.

Le Goûter des généraux

Il avait mal au couturier droit, et tenta de se planter une épingle dans la joue pour faire passer la douleur ; l'étude de l'acupuncture dans les ouvrages du docteur Bottine de Mourant était un de ses passe-temps ; par malheur, il ne visa pas bien et se guérit d'une néphrite du mollet qu'il n'avait pas encore attrapée, ce qui le retarda.

L'Automne à Pékin

J'ai un pied dans la tombe et l'autre qui ne bât que d'une aile.

Propos

Quant à moi, je ne pourrais pas respirer ni dormir tranquille tant que je saurai qu'il y a aux Papeteries de la Seine des décrasseurs de chaudières arabes dont la vie ne vaut pas celle d'un bœuf.

Traité de civisme

— J'ai le sentiment que toute ma vie dépend de cet instant précis. Si je le rate… — Moi je pense le contraire. Si on rate ce moment, on essaie celui d'après, et si on échoue on recommence l'instant suivant. On a toute la vie pour réussir.

L'Écume des jours

Comme tous les ans à la même époque, les vacances sont finies et à moins qu'on ne se décide à faire quelque chose contre ça, on est sûr que ça va recommencer…, mais le gouvernement qui s'occupe d'école, paraît-il, au lieu de se borner à y aller lui-même, veut y faire aller les autres ; tout va mal.

Chroniques de jazz

Le désert est la seule chose qui ne puisse être détruite que par construction.

L'Automne à Pékin

Pour faire un soldat, il faut détruire un civil.

Traité de civisme

On n'oublie rien de ce qu'on veut oublier : c'est le reste qu'on oublie.

L'Écume des jours

Cinéma : Un des seuls métiers où l'on puisse arriver à être célèbre en n'étant ni intelligent ni joli ni bon comédien ni distingué ni instruit : on comprend qu'il y ait tant de demande.

Propos

La vie vaut-elle d'être vécue ?
L'amour vaut-il qu'on soit cocu ?
Je pose ces deux questions
Auxquelles personne ne répond.

« Je bois »

Il y a une probabilité (peu élevée, mais certaine) pour qu'une casserole d'eau posée sur un réchaud à gaz allumé se congèle. Cela est un fait scientifique. Pourquoi le cool ne chaufferait-il pas ?

Chroniques de jazz

Ma sœur a mal tourné, Monsieur, dit Nicolas. Elle a fait des études de philosophie. Ce n'est pas des choses dont on aime se vanter dans une lignée fière de ses traditions…

L'Écume des jours

Dire des idioties, de nos jours où tout le monde réfléchit profondément, c'est le seul moyen de prouver qu'on a une pensée libre et indépendante.

L'Arrache-cœur

— Vous n'aimez pas le travail? demanda l'antiquitaire. — C'est horrible, dit Colin. Ça rabaisse l'homme au rang de la machine.

L'Écume des jours

Colin reposa le peigne et, s'armant du coupe-ongles, tailla en biseau les coins de ses paupières mates, pour donner du mystère à son regard. Il devait recommencer souvent, car elles repoussaient vite.

L'Écume des jours

Il convient d'isoler les critiques les uns des autres : certains avouent souvent qu'ils ne cherchent pas à critiquer, mais à dire autre chose que leur voisin.

La Belle Époque

Pourquoi est-ce qu'on a envie de pisser toutes les fois qu'on vient de trouver la bonne position pour dormir ?

Propos

Il est évident que le poète écrit sous le coup de l'inspiration mais il y a des gens à qui les coups ne font rien.

« Art poétique »

Désireux de jouer franc jeu avec une fille aussi estimable, il se mit volontairement à penser à Paul Claudel et se calma presque immédiatement. Il gardait Gide pour un moment encore plus difficile.

Écrits pornographiques

Descendez, les alcools !
Créez la joie subite
Au cerveau du buveur qui ne sait rien de tel
Et s'offre pour cent sous l'âme d'un immortel.

« À Arthur »

[On s'aperçoit, en repensant à toutes ces soirées passées, que les souvenirs que l'on espérait les mieux accrochés s'affolent et s'estompent, se mêlent et s'envolent] — et il reste, certes, une vision de visages divers, de gaîté, d'animation, de bagarre — mais confuse et incommunicable, faute de détails.

Manuel de Saint-Germain-des-Prés

Je ne peux pas te dire que tu es belle comme le jour, dit Lazuli, ça dépend des jours. Mais une lanterne japonaise, c'est toujours joli.

L'Herbe rouge

Si c'était à refaire, recommenceriez-vous? dit la chanson; jamais on ne recommencerait, à moins d'être gâteux, ou, ce qui revient au même, d'ignorer le goût de l'expérience et de nier cette évidence, inintéressante par ailleurs, la liberté.

Chroniques du menteur

Des rêves couraient devant Folavril; au passage, elle y accrochait ses yeux; paresseuse, elle ne les suivait jamais jusqu'au bout.

L'Herbe rouge

Une sortie, c'est une entrée qu'on prend dans l'autre sens.

Traité de civisme

On rencontre pas mal de voitures à ânes poussées par des Nègres. Les ânes se prélassent sur des coussins en mangeant des icecream au chocolat, clairs ou foncés, suivant la couleur de leur peau.

Chroniques du menteur

Autrefois pour faire sa cour on parlait d'amour
Pour mieux prouver son ardeur on offrait son cœur
Maintenant c'est plus pareil, ça change et ça change
Pour séduire le cher ange on lui glisse à l'oreille
« Ah Gudule, viens m'embrasser, et je te donnerai »
Un frigidaire, un joli scooter, un atomixer et du Dunlopillo
Une cuisinière, avec un four en verre
Des tas de couverts et des pelles à gâteau !
Une tourniquette pour faire la vinaigrette
Un bel aérateur pour bouffer les odeurs
Des draps qui chauffent, un pistolet à gaufres
Un avion pour deux et nous serons heureux !

« La complainte du progrès »

S'ils avaient le temps de construire les machines, après ils n'auraient plus besoin de rien faire. Ce que je veux dire, c'est qu'ils travaillent pour vivre au lieu de travailler à construire des machines qui les feraient vivre sans travailler.

L'Écume des jours

Il était tard, il ne restait plus qu'un réverbère allumé sur deux, les autres dormaient debout.

Le Loup-Garou et autres nouvelles

On ne peut aimer toute sa vie que quelqu'un qu'on ne connaît pas.

Propos

La technique n'est pas un obstacle à l'inspiration.

Chroniques de jazz

Il y a beaucoup de mérite à épouser une femme
plus jeune que soi
Il y a beaucoup de mérite à épouser une femme
Il y a beaucoup de mérite à épouser
Il y a beaucoup de mérite
Sans compter les emmerdements.

« Qu'y a-t-il »

Une femme ne peut plus se fier aux hommes à partir du moment où un homme lui a fait des enfants. Et particulièrement à celui-là.

L'Arrache-cœur

Je veux une vie en forme d'arête sur une assiette bleue.

« Je veux une vie en forme d'arête »

J'aime à dormir les volets ouverts parce que ça m'empêche de dormir et que je déteste dormir.

Propos

Saint-Germain-des-Prés à vol d'oiseau, c'est, comme ailleurs, quelques arbres et des rebords de fenêtres où les vieilles filles et les amoureux disposent les miettes du dernier repas; mais nous n'avons pas l'optique de l'oiseau, ni ses plumes, et le don de voler ne nous est accordé qu'au prix de l'or (ou du dollar).

Manuel de Saint-Germain-des-Prés

L'archéologue m'a planté là, et je ne peux plus me déplanter.

L'Automne à Pékin

Comme tout le monde, je passe ma vie à préparer une image déformée du cadavre que je serai, comme s'il n'allait pas se déformer suffisamment tout seul.

Correspondances

Je serai bref, net et circoncis.

Radio

Si un type est prétentieux, c'est pas un intellectuel. C'est un faux intellectuel.

Chroniques de jazz

Elle a des yeux avec un peu d'huile sur les paupières. Et la figure en triangle. Mais un vrai, d'Euclide, avec la somme des angles égale à deux droits.

Correspondances

C'est un fait malheureux mais inéluctable que pour protester contre un livre, la meilleure arme reste un autre livre.

Boris Vian, cent ans

Brice, Jacques et Raymond étaient épuisés, mais leur moral tenait encore par trois ficelles, vertes, une pour chacun.

Les Fourmis

Ce jour-là, on s'apercevra qu'il suffit d'UNE guerre pour effacer les préjugés qui s'attachent encore à ce mode de destruction. Ce jour-là, il sera, à jamais, inutile de recommencer.

«Lettre à sa Magnificence le Baron Jean Mollet Vice-Curateur du Collège de 'Pataphysique sur les truqueurs de la guerre», Thieri Foulc et Paul Gayot, *Vian et la 'Pataphysique*

Je crois que je ne recommencerai plus une semblable et voituresque randonnée, pace que je suis tellement inquiet au moindre bruit, bing, ou plllliffff, ou blaboublabou, ou panpantau, ou tagatabibitabagada et dieu sait si y en a encore d'autres sans compter les à venir, et puis tous ces Belges ont des cadillac, c'est une honte.

Correspondances

Il ne faut jamais penser « les hommes ». Il faut penser « Lazuli » ou « Wolf ». Eux pensent toujours « les femmes », c'est ça qui les perd.

L'Herbe rouge

Voyons un peu un prototype d'accident courtois. Deux véhicules courtoisement menés par deux conducteurs courtois s'emboutissent parce que les deux conducteurs courtois souriaient courtoisement à l'agent courtois qui leur donnait aimablement le feu vert et les conducteurs ne se sont pas vus.

La Belle Époque

Elle se contentait de l'attendre, et se contentait d'être avec lui, mais on ne peut accepter cela d'une femme, qu'elle reste avec vous simplement parce qu'elle vous aime.

L'Écume des jours

La maladie c'est ridicule, c'est pas triste ; et c'est pour ça qu'il faut en guérir : parce que le ridicule tue.

Traité de civisme

La guerre, cette chose grotesque, a ceci de particulier (entre autres) qu'elle est envahissante et importune, et ceux qu'elle amuse se croient en général fondés à l'étendre à ceux qu'elle n'amuse pas. C'est une des multiples figures de l'intolérance, et la plus destructrice.

L'Équarrissage pour tous

Après mon repas, je suis parti flâner dans les rues de New York. La première personne que j'ai rencontrée, c'était Hemingway. Comme je ne l'avais jamais vu, je ne l'ai pas reconnu ; lui non plus, aussi nous nous sommes croisés sans rien dire ; quelle ville passionnante.

Chroniques du menteur

L'homme est une prison où l'âme reste libre.

Propos

Savoir que l'on préfère rire, et rire, c'est pas être sérieux, ça ?

Boris Vian, cent ans

Elle sourit à son image mais, la douleur de sa cheville empêcha celle-ci de lui rendre son sourire et Noémi, émue, se mit à pleurer ; son reflet, courageusement, s'efforça de sourire pour lui redonner le calme et tout rentra dans l'ordre, pourtant déjà bien plein.

Les Fourmis

Il y a deux façons d'enculer les mouches : avec ou sans leur consentement.

« Les Mouches »

Pardonnez le décousu de cette lettre : je ne suis pas spécialement abruti ce jour, mais pas moins que les autres, ce qui explique tout. Bougrement à vous Boris Vian Pisse-Scrotum : pourquoi demander sur le jazz son avis au groupe surréaliste qui n'y a jamais rien bitté ?

Correspondances

La musique combinée à l'alcool et aux femmes a toujours été considérée comme un des meilleurs moyens de vider le portefeuille de celui qui en a un.

Derrière la zizique

Le manque de goût, si ça se double d'une certaine puissance. Ça devient un style.

Écrits sur le jazz

Le génie est une longue patience, c'est une réflexion de génie pas doué.

La Belle Époque

Il criait: « vive la liberté! » dit un gendarme, et il a traversé en dehors des clous. — Alors, on lui est rentré dedans, dit un autre gendarme. On ne peut pas admettre que dans un quartier d'étudiants, des individus ébrietes donnent le mauvais exemple à la jeunesse.

Les Fourmis

L'habitude émousse les impressions.

Les Fourmis

Sachons tout... Soyons un spécialiste de tout. L'Avenir est à Pic de la Mirandole.

Traité de civisme

Ne me parlez plus de ma petite vanité d'auteur. Sincèrement, ça me donne l'impression d'être un vieux Khon. Et rappelez-vous que je réponds à toutes les lettres, même celles des autres.

Correspondances

KHON : Instrument en usage au Laos. Il figure une espèce d'orgue ayant des tuyaux en bambou. Eh ben, ça fait pas mal d'années que je traite des gens d'orgues du Laos sans m'en être jamais douté.

Chroniques de jazz

Rue de Rennes : C'est un grand billard dégueulasse et affreux au bout duquel on voit une gare infecte qui s'appelle gare Montparnasse, laquelle mène à Rennes, comme chacun sait.

Manuel de Saint-Germain-des-Prés

Sachez que le mot « cocu » employé comme injure ne peut s'appliquer qu'à un célibataire, - sinon c'est une constatation, et que le mot « pédé » ne devient également une insulte que si l'insulté ne l'est pas, etc. (Et que la meilleure façon d'injurier un pédéraste est de le traiter de sale hétérosexuel.)

Chroniques de jazz

Ah ! oui, à quand un poste émetteur privé réservé à la chanson et débarrassé des fonctionnaires ?

La Belle Époque

Il faut qu'une porte soit ouverte ou fermée. Ou démontée s'il est urgent qu'on en répare la serrure.

Propos

Il était si heureux que ça lui faisait énormément de peine…

L'Écume des jours

Il y a des gens qui s'improvisent critiques simplement parce qu'ils ont deux oreilles. C'est insuffisant. Il faudrait avant qu'ils se documentent sur la chanson.

La Belle Époque

— C'est un chat, dit Peter Gna.
Il était peu probable qu'un autre animal poussât la perfidie jusqu'à imiter le cri du chat, appelé d'habitude miaulement par onomatopation.

Blues pour un chat noir

— Qu'est-ce que c'est qu'un défaut d'aspect qu'on ne voit pas ? Ça peut s'appeler également un prétexte…

Et on tuera tous les affreux

Il est tout de même moins important de lire que Marilyn Monroe dort avec du 5 de Chanel que de constater qu'elle est une excellente actrice : on aura peu l'occasion de coucher avec elle, mais on a souvent celle de la voir au cinéma.

Chroniques de jazz

À l'endroit où les fleuves se jettent dans la mer il se forme une barre difficile à franchir et de grands remous écumeux où dansent les épaves. Entre la nuit du dehors et la lumière de la lampe, les souvenirs refluaient de l'obscurité, se heurtaient à la clarté et, tantôt immergés, tantôt apparents, montraient leurs ventres blancs et leurs dos argentés.

L'Écume des jours

Le monde peut flâner.

Traité de civisme

La vie n'est jamais banale, chaque événement que nous traversons recèle un mystère inexplicable.

L'Écume des jours

Supprimez le conditionnel et vous aurez détruit Dieu.

Traité de civisme

Il est beaucoup moins indécent de coucher ensemble que de se regarder dans les yeux.

Propos

Jacques attendait sur une chaise. Pour s'occuper, il travaillait un peu le flûtiau. Chaque fois, il manquait le si bémol de deux centimètres, mais à la fin, il réussit à l'attraper et l'écrasa entre deux doigts, content d'avoir triomphé.

Les Fourmis

Dans la vie, l'essentiel est de porter sur tous des jugements a priori.

L'Écume des jours

On ne voit pas pourquoi des types qui ont inventé la poudre se prétendraient supérieurs à tout le monde et devraient être autorisés à troubler les activités autrement intéressantes de la danse et de la musique.

L'Herbe rouge

Moi, j'allais à l'office du dimanche comme Hansen, mais je crois qu'on ne peut pas rester lucide et croire en Dieu, et il fallait que je sois lucide.

J'irai cracher sur vos tombes

Par la fenêtre, on voyait les longues traînées de larmes du crépuscule sur les joues noires des nuages.

L'Herbe rouge

Au fait, qu'est-ce que c'est qu'un « mauvais » patriote ? Un qui préfère que sa patrie ne soit pas esquintée par la guerre, peut-être… Si c'est ça, je suis un mauvais patriote.

En avant la zizique

Un homme tout nu marchait
l'habit à la main
l'habit à la main
c'est peut-être pas malin
mais ça me fait rire

« Un homme tout nu marchait »

La critique n'a aucun intérêt. Une bonne critique fait du bien, mais une mauvaise ne fait pas de mal.

En avant la zizique

C'est horrible, dit Colin. Je suis à la fois désespéré et horriblement heureux. C'est très agréable d'avoir envie de quelque chose à ce point-là.

L'Écume des jours

La mort n'est pas drôle parce qu'on en n'a jamais fait quelque chose de drôle et parce qu'elle ne supporte pas la répétition.

Boris Vian, cent ans

Puisque vous renierez plus tard pourquoi ne pas renier tout de suite ?

Propos

La langue est un organe sexuel dont on se sert occasionnellement pour parler.

Propos

— Ça donne de bons résultats, la démocratie ?

— On ne peut pas savoir. C'est secret.

L'Équarrissage pour tous

La pataphysique et les variétés font un ménage excellent parce que dans toute variété, comment dire ? différente, inclassable, il y a un élément de pataphysique qui est patent et qui réjouit le cœur de tous les anti-spécialistes.

La Belle Époque

Il n'est rien de plus agréable que de dire aux gens qu'on aime qu'on les aime, si ce n'est de dire aux gens qu'on n'aime pas que l'on ne les aime pas.

Traité de civisme

Si vous avez des points noirs sur le nez, ne vous regardez pas dans une glace et ils disparaîtront.

Propos

Le travail est l'opium du peuple…
Je ne veux pas mourir drogué !

Propos

Les oiseaux sont responsables de trois au moins des grandes malédictions qui pèsent sur l'homme. Ils lui ont donné le désir de grimper aux arbres, celui de voler, celui de chanter…

En avant la zizique

Nous trouvons beau ce qui nous est assez indifférent pour nous permettre de voir ce que nous voulons à la place.

L'Arrache-cœur

On se trouve toujours des excuses pour vivre.

Propos

Le sommeil ne s'échappait qu'à regret de tous ses pores dilatés, en faisant un bruit très doux, comme une souris qui rêve.

L'Automne à Pékin

Un homme digne de ce nom ne fuit jamais. Fuir, c'est bon pour un robinet.

Les Bâtisseurs d'empire

Les hommes sont bêtes. C'est pour ça qu'ils sont d'accord avec ceux qui leur font croire que le travail, c'est ce qu'il y a de mieux. Ça leur évite de réfléchir, et de chercher à progresser et à ne plus travailler.

L'Écume des jours

Je peux me flatter d'avoir amené la critique de jazz à un niveau tel que les prochaines crues de la Seine ne pourront, à tout casser, que m'arracher un sourire méprisant accompagné d'un éclair vert dans l'œil.

Chroniques de jazz

Sexuellement, c'est-à-dire avec mon âme.

L'Herbe rouge

Un plan idiot, mais les plus idiots sont ceux qui réussissent le mieux.

J'irai cracher sur vos tombes

Le plus clair de mon temps, je le passe à l'obscurcir, parce que la lumière me gêne.

L'Écume des jours

Il vit un oiseau, penché sur un tas d'ordures, qui donnait du bec dans trois boîtes de conserves vides et réussissait à jouer le début des Bateliers de la Volga.

L'Automne à Pékin

Ce qui est terrible, c'est que j'ai sommeil et que ça ne donne pas envie de lire les conneries des autres, encore moins d'en écrire soi-même.

Chroniques de jazz

Un problème ne se pose pas, on le pose. Il n'est que de supprimer cet « on ».

Propos

La guerre est la forme la plus raffinée et la plus dégradante du travail puisque l'on y travaille à rendre nécessaire de nouveaux travaux.

Traité de civisme

Ces deux salauds, derrière le coin du mur, ils avaient une mitrailleuse et des tas de cartouches. Je l'ai orientée dans l'autre sens et j'ai appuyé, mais j'ai vite arrêté parce que ça me cassait les oreilles et aussi elle venait de s'enrayer. Elles doivent être réglées pour ne pas tirer dans le mauvais sens.

Les Fourmis

Un bon journaliste devrait être capable de décrire la fabrication d'un crayon de façon passionnante sans raconter une blague. Mais s'il avait ce talent, au fond, pourquoi serait-il journaliste ?

Chroniques de jazz

Il dormait et tâchait de dormir en pensant aux fesses de sa femme, car, vu le ventre, il préférait penser à elle de dos.

L'Arrache-cœur

II est certain que si on veut faire quelque chose de différent, ce qui est au fond le problème du créateur : ce n'est pas de faire, c'est de faire autrement - si on veut faire quelque chose de différent il faut s'attendre à ne pas rencontrer la compréhension tout de suite.

Propos

Il se mit à glousser comme une poule hermaphrodite qui aurait échangé trois os de seiche contre un couffin de dattes.

Vercoquin et le plancton

Il suça son doigt et l'éleva au-dessus de sa tête. Il le redescendit presque aussitôt. Ça le brûlait comme dans un four.

— Il y a de l'amour dans l'air, conclut-il. Ça chauffe.

L'Écume des jours

Je voudrais que tu sois là
que tu frappes à la porte
et tu me dirais c'est moi
Devine ce que j'apporte
Et tu m'apporterais toi.

« Berceuse pour les Ours qui ne sont pas là »

Notre temps est précieux, perdons plutôt le vôtre.

Propos

Il se réveilla en sursaut. L'aspirine l'avait fait transpiriner: comme en vertu du principe d'Archimerdre, il avait perdu un poids égal à celui du volume de sueur déplacé.

Les Fourmis

Dans une société individualiste, à partir du moment où les besoins de chaque individu sont satisfaits, il règne une totale communauté de pensée et d'intérêts.

Traité de civisme

L'argent ne fait pas le bonheur de ceux qui n'en ont pas.

Propos

Qu'est-ce que vous faites dans la vie, vous ? demanda le professeur. — J'apprends des choses, dit Colin. Et j'aime Chloé.

L'Écume des jours

Pour sortir une fille, il vaut mieux une boîte où l'orchestre n'est pas trop bon. Sans ça on l'écoute, on la néglige et on la loupe. Et ça c'est grave.

Chroniques de jazz

Je ne peux rien dire, dit Angel. Elle a souffert et pas moi. Ça lui donne des droits. Je conteste, dit Jacquemort, qu'une chose aussi inutile que la souffrance puisse donner des droits quel qu'ils soient, à qui que ce soit, sur quoi que ce soit.

L'Arrache-cœur

On a tort de dire les yeux fermés, ferranta le maréchal. On n'a pas les yeux fermés parce qu'on met les paupières devant. Ils sont ouverts dessous. Si vous roulez un rocher dans une porte ouverte, elle n'est pas fermée pour cela ; et la fenêtre non plus d'ailleurs, parce que pour voir de loin c'est pas des yeux qu'on se sert, et, donc vous ne comprenez guère les choses.

L'Arrache-cœur

N'importe quel objet peut être un objet d'art pour peu qu'on l'entoure d'un cadre.

Manuel de Saint-Germain-des-Prés

Du soleil coulait sans bruit sur le rebord de la fenêtre ouverte.

L'Arrache-cœur

Les boutiques des fleuristes n'ont jamais de rideaux de fer. Personne ne cherche à voler des fleurs.

L'Écume des jours

Oui, la guerre tout le monde est contre: mais les mémoires de guerre, c'est très bien vu, et si on a tué cent mille personnes, on est un héros... L'alcoolisme, tout le monde est contre... L'amour, tout le monde est pour...

Écrits pornographiques

Vous n'auriez pas l'idée de vous mettre à lire un manuscrit chinois sans apprendre la langue... Apprenez la langue du jazz; c'est beaucoup plus facile que le chinois, et cela vous donnera des joies que vous ne soupçonnez pas.

Derrière la zizique

— C'est votre maison qui a fait l'installation, dis-je. Je me le rappelle avec une grande netteté. — Je n'étais pas employé chez eux à ce moment-là, dit-il. Sans ça, je serais parti. — Donc, dis-je, ça revient au même puisque vous seriez parti ; c'est comme si vous y étiez, du moment que vous n'y étiez pas. — En tout cas, dit-il, si je tenais le salaud d'enfant de pute à la graisse de couille de kangourou qui a foutu ce nom de Dieu de bordel de merde d'installation d'une façon aussi dégueulasse... eh bien... comme on dit, je ne lui ferais pas mes compliments.

Les Fourmis

Le feu rouge, qui signifie « arrêtez-vous » ; le feu vert qui signifie « partez, ou continuez », le feu orange qui signifie « passez en vitesse si vous ne voyez pas d'agent ».

La Belle Époque

C'est facile d'être audacieux dans ce pays ; il n'y a qu'à dire ce que tout le monde peut voir en s'en donnant la peine.

J'irai cracher sur vos tombes

La guerre aussi c'est usé jusqu'à la corde, et on continue à la faire. Et l'amour. Et manger. Et le bifteck du cinquantième jour est aussi agréable que celui du premier jour si on a faim.

Le Goûter des généraux

Il y a des moments où je me demande si je ne suis pas en train de jouer avec les mots. Et si les mots étaient faits pour ça ?

Les Bâtisseurs d'empire

En fait il ne faut pas constater la société – il faut la prévoir.

Traité de civisme

Près de moi ton corps s'allonge
Nos deux mains se sont trouvées
D'une cigarette
Sur le cendrier
Monte un fil bleu de fumée
Nous ferons le même songe
Plein d'eau fraîche et de baisers
La musique tendre
Vient nous enlacer
Vois, c'est l'heure de rêver

Boris Vian, cent ans

Une vie d'aventure, d'honneur et d'héroïsme consiste généralement en une suite d'exploits accomplis chez les autres et qui vous eussent immanquablement mené en prison si vous les aviez accomplis chez vous.

La Belle Époque

Chez une femme, la beauté est signe de modestie.

La Belle Époque

Un disque, c'est coûteux à fabriquer, un nouvel artiste, c'est coûteux à lancer, surtout quand les disquaires, noyés sous le tout-venant et paralysés par les augmentations de TVA, n'ont même plus le temps d'écouter ce que les maisons de disques leur envoient.

La Belle Époque

Les gens malheureux tuent ce qu'ils aiment parce qu'ils n'ont que ça sous la main.

Propos

Deux des poteaux diagonaux ne représentaient guère que des scènes familières de la vie de Jésus : Jésus se grattant les pieds sur le bord du chemin, Jésus se tapant un litre de rouge, Jésus à la pêche à la ligne, bref un résumé de l'imagerie sulpicienne classique.

L'Arrache-cœur

L'ennui avec le fanatisme, c'est qu'un fanatique trouve toujours plus fanatique que lui, ce qui est à vous décourager d'être fanatique ou alors à vous encourager à être ignorant.

Chroniques de jazz

Le livre n'est pas dangereux : il attend ; c'est d'ailleurs sa mission. Le lecteur, lui peut l'être certes ; et c'est un des rêves depuis longtemps dorlotés par le signataire de ces lignes que de rendre un jour obligatoire la protection du livre contre tout risque de lecture.

La Belle Époque

L'ennui c'est que, parmi les critiques, on semble considérer le rire comme une activité un peu dégradante si elle n'a pas pour support le caleçon et les cocus. Je me permets de considérer qu'on peut essayer de faire rire les gens avec autre chose et qu'il n'y a rien de scandaleux à provoquer l'hilarité en évoquant, par exemple, la guerre.

L'Équarrissage pour tous

Après tout, il y a des sacrifices qu'on peut très bien ne pas faire.

L'Automne à Pékin

Les musiciens qui se fabriquent d'abord des théories pour les illustrer ensuite sont généralement aussi emmerdants que les romanciers à thèse.

Chroniques de jazz

Quoi de plus dangereux que de se faire tuer.

Propos

Disons-le franchement. On écrit pour soi, naturellement ; mais on écrit surtout pour réaliser un asservissement temporaire du lecteur, auquel celui-ci se prête toujours dès l'instant qu'il ouvre le livre et qu'il appartient à l'auteur de mener à sa fin par le moyen de son art.

Écrits pornographiques

Notre petite patrie, notre patricule…

Mademoiselle Bonsoir, suivi de La Reine des garces

Le jazz, suivi en France par un nombre réduit d'amateurs, est au sens propre la musique d'improvisation créée à l'inspiration des Noirs. Les Noirs ont développé sur les divers instruments de l'orchestre un style et un mode d'expression particuliers et très différents des styles et mode d'expression classiques.

Correspondances

Il y a des gens qui passent leur vie à se la compliquer; ils achètent des grosses voitures, des installations électriques monumentales, des villas où tout est automatisé; ils ont peur des microbes et iraient presque jusqu'à passer les framboises à l'eau de Javel avant de les manger.

Derrière la zizique

J'ai aussi étudié la suppression du déficit de la S.N.C.F. et découvert qu'il suffit de supprimer les chemins de fer pour tout régler (j'ai rédigé l'étude et la tiens à leur disposition).

La Belle Époque

Le ciel, assez bas, luisait sans bruit. Pour le moment, on pouvait le toucher du doigt en montant sur une chaise; mais il suffisait d'une risée, d'une saute de vent, pour qu'il se rétracte à l'infini...

L'Herbe rouge

Si on admet l'égalité de l'homme et de la femme, la politesse suffit et on n'a pas de raison de traiter une femme plus poliment qu'un homme.

L'Herbe rouge

Si Dieu s'est fait homme pour avoir de l'autorité sur Terre, c'est qu'il se rendait compte qu'un homme, ça fait tout de même plus sérieux.

Propos

Tout ce que je viens de vous dire, peut-être que ça n'apporte pas grand-chose, mais remarquez bien que ça ne retire rien non plus.

La Belle Époque

Je voudrais pas crever
Non monsieur non madame
Avant d'avoir tâté
Le goût qui me tourmente
Le goût qu'est le plus fort
Je voudrais pas crever
Avant d'avoir goûté
La saveur de la mort…

« Je voudrais pas crever »

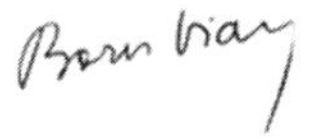

Tentative de biographie[1]

1920

10 mars - Boris Paul Vian naît à Ville-d'Avray (Seine-et-Oise, aujourd'hui Hauts-de-Seine), deuxième fils d'Yvonne Ravenez et Paul Vian. Le couple très uni, malgré une différence d'âge de huit ans, a déjà donné naissance à Lélio en 1918. Alain puis Ninon verront le jour en 1921 et 1924. Paul a hérité de la fortune de son père Henri, bronzier d'art et longtemps installé à l'Hôtel Salé à Paris, aujourd'hui le musée Picasso. La famille Ravenez est également fort aisée, ainsi le jeune couple n'a pas à se préoccuper du quotidien, passant la majeure partie de son temps à s'enrichir culturellement et humainement.

---

1 Cette chronologie est extraite du site BorisVian.org et a été établie par la directrice du patrimoine de Boris Vian, Nicole Bertolt, que nous remercions sincèrement.

1920-1938

La famille Vian passe toutes les vacances d'été dans sa maison de Landemer, dans le Cotentin (Manche). La demeure est détruite pendant la Seconde Guerre mondiale. Aujourd'hui, il n'en reste que quelques ruines. Ce lieu a beaucoup compté pour les enfants et l'univers imaginaire du jeune Boris, et sa disparition a laissé des traces indélébiles qu'il a tenté de faire revivre dans certains de ses écrits.

1926-1931

Boris Vian effectue ses petites classes au lycée de Sèvres (Hauts-de-Seine). Élève doué, il écrit et lit dès l'âge de cinq ans sous l'œil d'un précepteur. Il est plutôt sage, intuitif et rêveur.

1929

Le père, Paul Vian, qui avait placé ses économies en bourse, est ruiné à la suite du krach boursier et afin de faire vivre sa famille, il décide avec son épouse de mettre en location leur grande maison et de s'installer dans une plus petite maison sur le domaine où vivait auparavant le couple de gardiens. Paul va procéder à des aménagements importants afin d'agrandir la maison pour y accueillir toute la famille.

1931

C'est la famille Menuhin, composée du père, de la mère et des trois enfants dont déjà le très célèbre enfant prodige et violoniste Jehudi Menuhin, qui se présente. Rapidement les deux familles vont se lier d'une amitié indéfectible et les enfants établir des connivences entre jeux et musique.

Première communion de Boris Vian dont la famille, anticléricale, semble paradoxalement attachée à certaines traditions.

Boris Vian entre au lycée Hoche à Versailles. Sa scolarité ne présente aucun problème.

1932-1936

Le jeune Boris montre des signes graves d'un début de rhumatisme cardiaque. Il se remet pourtant et poursuit sa scolarité toujours au lycée Hoche, excellant dans ses études qui pourtant ne le passionnent guère.

1935

Victime de la fièvre typhoïde, le jeune homme passe néanmoins avec succès son baccalauréat classique (allemand, latin, grec), mais avec dispense. Un autre Boris Vian apparaît sans doute à cette époque entre un père fatigué et déçu de la vie puisqu'il va devoir se mettre à travailler, une maman très inquiète de la santé de son fils et l'adolescence et ses émotions qui, parallèlement, pointent leur nez. C'est certainement cette année-là que Boris Vian se procure sa première trompette d'occasion, peut-être que son père la lui trouve sur une brocante.

1936-1937

Admis au lycée Condorcet à Paris, il obtient son baccalauréat de philosophie, avec option mathématiques. Et les trois frères suivis de quelques amis fondent leur premier orchestre de jazz. Ils donnent des petits concerts dans le parc de leur maison à Ville-d'Avray.

1936-1939

Succession de surprises-parties chez les Vian à Ville-d'Avray. Plusieurs centaines de jeunes, filles et garçons, se retrouvent très souvent dans la salle de bal construite au fond du jardin pour danser, rire et se rencontrer.

Boris s'intéresse activement au jazz et adhère au Hot-Club de France dont le Président d'honneur est Louis Armstrong. Les parents accompagnent autant que possible leurs enfants dans leurs jeux et divertissements.

1938-1939

Admis sans peine en classe de « Mathématiques spéciales » à Condorcet, il n'est guère intéressé par ses études et montre un esprit très fantaisiste qui n'est pas toujours du goût de ses professeurs.

1939

Concert de Duke Ellington au Palais de Chaillot, moment mémorable pour le jeune trompettiste et le début d'une aventure qui l'accompagnera toute sa vie, *L'Écume des jours* en étant le témoignage le plus important.

L'aîné des frères Vian est mobilisé en septembre 1939.

Boris Vian effectue sa rentrée à l'École Centrale des arts et manufactures, dont l'enseignement pluridisciplinaire ne pouvait que lui convenir. L'entrée en guerre va obliger l'école à se replier à Angoulême.

Boris Vian n'est pas mobilisé, en raison de ses troubles cardiaques qui s'accentuent mais dont il ne tient pas compte, davantage préoccupé par sa relation avec la jeune Monette, ses rations alimentaires et l'entretien d'une camaraderie très importante pour lui que par ses études.

1940

Parti l'été d'Angoulême à bicyclette, Boris Vian retrouve ses parents à Capbreton (Landes). Lors de surprises-parties, les frères Vian rencontrent Michelle Léglise et Jacques Loustalot, surnommé plus tard « Le Major » et personnage très présent dans l'œuvre de Boris Vian. À partir de ce moment, Boris, Michelle et Le Major vont devenir inséparables.

La reprise des cours s'effectue à Paris pour une seconde année à Centrale, section métallurgie.

1941

Un an après leur rencontre, Michelle et Boris se marient à la mairie, puis à l'église Saint-Vincent-de-Paul du Xe arrondissement à Paris.

Boris Vian commence la rédaction du recueil de poésie *Cent sonnets* et malgré la guerre, la maison de Ville-d'Avray redevient un espace d'activités ludiques et musicales.

1942

Michelle donne naissance à un premier enfant nommé Patrick. En charge d'une famille maintenant, Boris Vian se doit de gagner rapidement sa vie et, obtenant son diplôme d'ingénieur, il entre, sans réel enthousiasme, à l'Association française de normalisation (Afnor). Il y restera jusqu'en février 1946.

Heureusement, pour compenser, Boris intègre l'orchestre de jazz amateur de son camarade polytechnicien Claude Abadie, avec lequel il participera à de nombreux tournois et concerts. Il y rencontrera un autre ingénieur, Claude Léon, batteur de l'orchestre, qui restera un complice toute sa vie.

Boris Vian, Le Major et Michelle poursuivent leurs aventures de jeunesse autant que possible entre séances de cinéma, joutes oratoires et jeux divers.

À l'occasion de l'hospitalisation de sa femme Michelle, Boris lui compose *Conte de fées à l'usage des moyennes personnes*, dont leur ami Alfred Jabès, dit Bimbo, signe les illustrations.

1942-1943

Écriture, avec Michelle, de plusieurs scénarios de film et saynètes de théâtre ainsi que de *Trouble dans les Andains*, un premier roman qui ne sera pas publié de son vivant.

1944

Michelle et Boris, à Ville-d'Avray lors de la Libération de Paris, accueillent les premiers G.I., et n'auront de cesse de fréquenter les bals organisés pour les soldats américains.

Boris achève son deuxième roman, *Vercoquin et le plancton*, qu'il fait lire à son entourage et notamment à son voisin Jean Rostand, qui le transmet à Raymond Queneau.

Un drame survient, Paul Vian est assassiné par des cambrioleurs qui se sont introduits dans la maison de Ville-d'Avray. Son épouse, sa belle-sœur et la jeune sœur de Boris assistent au drame. Celui-ci entraînera l'abandon de ce lieu magique pour les quatre enfants Vian, qui perdent un père aussi érudit qu'excentrique. La maison sera mise en vente, meubles et souvenirs compris.

1945

Boris Vian exulte, son roman *Vercoquin et le plancton* est accepté par les éditions Gallimard. Publication de ses premières chroniques dans *Les Amis des Arts*, et il se lance dans l'écriture de nouvelles.

Pléthore de victoires pour l'orchestre Abadie-Vian au cours du premier tournoi international amateur de Bruxelles.

1946

Abandonnant l'Afnor, Boris Vian prend ses nouvelles fonctions à l'Office du papier et carton, où il retrouve son ami Claude Léon. Il y terminera l'écriture de *L'Écume des jours* et y rédigera entièrement *L'Automne à Pékin.*

Grand Prix pour l'orchestre Abadie-Vian au 9e Tournoi des amateurs, salle Pleyel à Paris. Boris Vian signe sa première publication dans la revue *Jazz Hot.*

Il fait la connaissance de Simone de Beauvoir puis de Jean-Paul Sartre, qui l'invitent à rejoindre l'équipe des *Temps Modernes.* Alors qu'il publie ses premiers textes dans la revue, son manuscrit de *L'Écume des jours* échoue au prix de la Pléiade décerné par les éditions Gallimard.

Peut-être par réaction, Boris collabore au journal d'obédience anarchiste *La Rue.*

Lors de vacances à Saint-Jean-de-Monts en Vendée, il écrit un roman noir sous le pseudonyme Vernon Sullivan ; il s'agit de *J'irai cracher sur vos tombes* qui sort aux éditions du Scorpion.

1947

Sortie en librairie de *Vercoquin et le plancton* tandis qu'une plainte est déposée contre le premier roman signé Vernon Sullivan. Boris Vian prépare le faux « original » américain *I Shall Spit on Your Graves.*

Sortie de *L'Écume des jours* en librairie, dans une relative indifférence tandis que Vian termine sa première pièce de théâtre, *L'Équarrissage pour tous.*

Trompette au Tabou, Boris anime, avec ses frères, la nouvelle cave de jazz de la rue Dauphine. Jusqu'en 1950, Boris Vian sera l'un des acteurs les plus fervents du quartier de Saint-Germain-des-Prés.

Il quitte son emploi à l'Office du papier et abandonne définitivement sa carrière d'ingénieur, se définissant dorénavant comme « homme de lettres ».

Publication de *L'Automne à Pékin* suivi de *Les morts ont tous la même peau,* ce dernier toujours signé Vernon Sullivan.

Début d'une revue de presse régulière dans *Jazz Hot.*

1948

Michelle et Boris perdent leur ami cher, Le Major, qui est tombé par la fenêtre pendant une surprise-partie.

Premier recueil de poèmes publié, *Barnum's Digest,* avec des illustrations signées Jean Boullet, puis publication de deux traductions, par Boris et Michelle Vian, de romans de Raymond Chandler dans la « Série Noire » de Gallimard.

Le couple accueille leur petite fille née en avril, Carole.

Première de l'adaptation scénique de *J'irai cracher sur vos tombes* au théâtre Verlaine à Paris.

Boris Vian diversifie encore ses activités en donnant des conférences publiques: «Approche discrète de l'objet», «Utilité d'une littérature érotique», ainsi que «50 ans de jazz», qu'il présentera à plusieurs reprises à Paris et en province. Le troisième roman signé Vernon Sullivan *Et on tuera tous les affreux* paraît aux éditions du Scorpion.

Vian réalise l'un de ses rêves en accueillant Duke Ellington à Paris. Il fréquente le nouveau lieu à la mode: le Club Saint-Germain, et noue des liens solides avec entre autres Miles Davis, Charlie Parker, Don Byas ou Dizzy Gillespie parmi tous les musiciens noirs américains venus se faire connaître dans les nombreux temples parisiens dédiés au jazz.

Vian s'attaque à un nouveau roman intitulé au départ *Le Ciel crevé* puis *L'Herbe rouge.* Deuxième plainte judiciaire – après amnistie – contre *J'irai cracher sur vos tombes.*

Début de la publication dans *Jazz Hot* de la traduction de *Young Man with a Horn* de Dorothy Baker, roman inspiré de la vie de Bix Beiderbecke, qui sera publié sous le titre *Le Jeune Homme à la trompette.*

1949

Boris Vian plaide pour Jean Cocteau au cours de l'émission radiophonique «Procès des pontifes».

Publication de *Cantilènes en gelée*, recueil de poèmes illustré par Christiane Alanore.

Vian a la satisfaction de voir tout de même sortir son recueil de nouvelles, *Les Fourmis*, aux éditions du Scorpion, car Gallimard n'en veut pas.

J'irai cracher sur vos tombes est interdit par arrêté ministériel.

La période de Saint-Germain-des-Prés s'achève, et Boris Vian entre dans une période de crise conjugale et financière. Il se replie à Saint-Tropez pour une longue période.

1950

Première de *L'Équarrissage pour tous* au théâtre des Noctambules à Paris, deuxième essai d'écriture théâtrale de Boris Vian.

Procès de *J'irai cracher sur vos tombes* et *Les morts ont tous la même peau*: condamnation pour outrage aux mœurs par la voie du livre.

Boris Vian termine la composition du *Manuel de Saint-Germain-des-Prés*, guide commandé par les éditions Toutain d'un quartier qui n'est déjà plus. Boris Vian rencontre Ursula Kübler au cours d'un cocktail chez Gallimard. Ursula est une jeune danseuse suisse dans les Ballets de Roland Petit. Son père, Arnold Kübler, est écrivain, dessinateur et journaliste. Zürichoise, elle ignore tout du nom et des déboires de l'écrivain.

Publications de *L'Équarrissage pour tous, L'Herbe rouge* et *Elles se rendent pas compte*, quatrième et dernier ouvrage signé Vernon Sullivan. La diffusion de ces ouvrages est quasi nulle.

1951

À cause de sa maladie de cœur toujours présente, Boris Vian cesse définitivement de jouer de la trompette, peu à peu délaissée.

Il termine la rédaction de *L'Arrache-cœur* qui sera son dernier roman. Refusé également par Gallimard, il s'intitulait à l'origine *Les Fillettes de la reine.*

Boris Vian et Ursula Kübler décident de s'installer ensemble dans un minuscule studio au 8, boulevard de Clichy à Paris.

Création du Club des Savanturiers, qui réunit des fanatiques de science-fiction dont Raymond Queneau, Pierre Kast, France Roche… dans le but de promouvoir le genre en France. Boris Vian publiera les traductions d'auteurs s.-f. comme Van Vogt ou Bradbury, à côté de traductions plus alimentaires.

1952

Début d'une longue collaboration à la revue *Constellation* qui lui permet également de gagner quelque argent. Il cherche de nouvelles collaborations et se rapproche du monde de la scène : création de *Cinémassacre* à la Rose Rouge, sur une mise en scène d'Yves Robert. Le spectacle rencontre un grand succès et sera repris en 1954 aux Trois Baudets. Sous l'influence d'Ursula, Boris Vian s'essaie encore à un nouveau genre : la comédie musicale.

Grand moment dans la vie du jeune auteur : il est nommé « Équarrisseur de 1re classe » par le Collège de 'Pataphysique.

Divorce de Michelle et Boris Vian, aux torts de ce dernier. La garde des enfants revient à Michelle ; les grands-parents Léglise sont très présents pour Patrick et Carole. Boris aime ses enfants, mais les voit peu.

1953

Mise en librairie de *L'Arrache-cœur*, qui passe totalement inaperçu. Boris Vian en est affecté, même s'il ne le montre que peu, et travaille dans de nouvelles directions.

Il est élevé au rang de Satrape et Promoteur Insigne de l'Ordre de la Grande Gidouille du Collège de 'Pataphysique, ce qui lui donne un nouveau souffle et une sorte de nouvelle famille.

Le Chevalier de neige, spectacle musical adapté des Romans de la Table Ronde, est représenté avec grand succès au Festival de Normandie à Caen. La partie composition musicale est assurée par le jeune Georges Delerue qui restera toujours très proche de Vian.

Bonne nouvelle en l'annonce de l'amnistie annulant le verdict touchant les œuvres de Vernon Sullivan. Parallèlement, un projet d'adaptation cinématographique de *J'irai cracher sur vos tombes* s'annonce, ce qui n'est pas pour déplaire à Vian qui souhaite même y travailler activement, tant pour l'adaptation que peut-être pour la production. Boris et Ursula emménagent dans un « vrai » appartement, Cité Véron à Montmartre. Jacques et Janine Prévert loueront l'appartement voisin quelques mois plus tard. Ils se connaissent déjà et cette perspective enchante le couple. Une entente profonde et respectueuse liera les deux hommes jusqu'en 1959, plus tard Jacques Prévert prendra sous sa protection la jeune Ursula l'aidant à assumer ce veuvage tragique.

1954

Il écrit de nombreuses petites pièces de théâtre et poursuit l'écriture de scénarios.

Le mariage avec Ursula Kübler a lieu à la mairie du XVIIIe à Paris. Plusieurs dizaines de convives sont ensuite réunis sur la terrasse de la Cité Véron.

Si le début de l'année marque l'écriture de la célèbre chanson *Le Déserteur*, dont la musique est signée par Boris Vian et Harold B. Berg, il s'ensuit l'écriture de plus d'une centaine de textes. Un nouveau monde s'ouvre à Boris Vian, celui des variétés.

Boris Vian abandonne son *Traité de civisme* qu'il avait amorcé en 1951, le laissant inachevé.

1955

Poursuite d'une très importante production de chansons.

Premier tour de chant aux Trois Baudets. Cette nouvelle aventure sera pour lui une réelle épreuve, mais il la poursuivra plus d'une année avec son pianiste, compositeur et ami Alain Goraguer.

Boris Vian grave dans la cire 16 titres restés encore aujourd'hui célèbres en enregistrant deux 45 tours publiés sous les titres: Chansons possibles et Chansons impossibles.

Début d'une tournée en province émaillée d'incidents à cause du *Déserteur*, et reprise de son tour de chant parisien en septembre. Boris Vian enregistre le célèbre rock *Fais-moi mal Johnny* avec Magali Noël qu'il apprécie beaucoup.

1956

Boris Vian accepte un emploi partiel mais régulier chez Philips, pour la création d'un catalogue de jazz.

Il publie une version remaniée de *L'Automne à Pékin* par les éditions de Minuit qui souhaitent relancer la carrière littéraire de Boris Vian, mais ce sera à nouveau un échec.

Épuisé, il interrompt définitivement son tour de chant, mais continue toujours la composition et la traduction-adaptation de chansons.

Une grave crise d'œdème pulmonaire le laisse affaibli, il n'en poursuit pas moins ses multiples activités tandis qu'Ursula Kübler poursuit de son côté ses tournées avec les Ballets Hô.

1957

Boris Vian monte en grade chez Philips et devient employé à plein temps en tant que directeur artistique adjoint pour le jazz et les variétés.

La première à Nancy de la version lyrique du *Chevalier de neige*, dont la musique est retravaillée par son ami Georges Delerue, rencontre un beau succès critique et public, ce qui donne du baume au cœur à Boris Vian.

Il écrit cet été-là sa dernière pièce de théâtre, *Les Bâtisseurs d'empire.*

À l'occasion d'une nouvelle crise d'œdème de Boris Vian, Ursula Kübler interrompt sa carrière et reste auprès de lui. L'un et l'autre savent que le temps est compté.

Tantôt chez l'un, tantôt chez l'autre, Boris Vian et Henri Salvador passent de nombreuses séances à créer des chansons et s'amusent beaucoup ensemble. De cette collaboration naîtra, entre autres, *Le Blouse du dentiste.*

1958

Boris Vian accepte la direction artistique de Fontana, filiale chez Philips.

Création et présentation à Berlin de *Fiesta*, opéra de Darius Milhaud dont le livret est signé Boris Vian, qui s'intéresse de plus en plus à la musique dite classique.

Publication d'*En avant la zizique, par ici les gros sous*, un essai corrosif sur le monde de la chanson et il sait de quoi il parle !

Boris Vian reprend un exercice qu'il apprécie, à savoir donner une conférence aux Beaux-Arts de Paris sur le thème « Architecture et science-fiction ».

Il termine un de ses plus importants textes destinés au Collège : Lettre à sa Magnificence le baron Jean Mollet, Vice-Curateur du Collège de 'Pataphysique sur les Truqueurs de la Guerre.

Malgré un grand investissement de Boris Vian dans le projet d'adaptation cinématographique de son roman *J'irai cracher sur vos tombes*, les rapports sont très tendus avec la dernière production et le réalisateur Michel Gast.

1959

La publication des *Bâtisseurs d'empire* par le Collège de 'Pataphysique procure une réelle satisfaction à Boris Vian tandis qu'il reprend sa collaboration à la revue *Constellation*.

Eddie Barclay, ami de longue date, propose à Boris Vian un poste de directeur artistique au sein de sa maison de disques. Épuisé, Boris Vian ne semble pas vouloir donner suite.

Émission radiophonique avec Henri Salvador sur le Collège de 'Pataphysique où l'on apprend de source sûre comment déguster des huîtres.

Acclamation solennelle de Sa Magnificence le Baron Mollet sur la Terrasse des Trois Satrapes, Cité Véron. Les trois Satrapes sont Jacques Prévert, son chien Ergé et Boris Vian. La terrasse est celle qui surplombe le Moulin rouge et où logent les deux familles d'artistes.

Dans la matinée de ce 23 juin, Boris Vian, contrarié, assiste à la projection privée du film de Michel Gast, *J'irai cracher sur vos tombes*, réalisé en grande partie contre son gré ; après dix minutes de projection, il tombe en syncope dans son fauteuil victime d'un œdème et d'une crise cardiaque. Ursula appelée en urgence l'accompagne à l'hôpital Laënnec où la mort est déclarée à 11 h 50.

L'enterrement eut lieu le 26 juin à Ville-d'Avray et, ultime coup du sort, les employés du service funéraire se sont déclarés en grève après plusieurs heures d'attente, obligeant ses amis à mettre leur ami eux-mêmes en terre.

Bibliographie

Entre parenthèses, la ou les premières dates indiquent l'année d'écriture et la seconde, l'année de la première édition, d'après le site de la Cohérie Boris Vian.

ROMANS signés Boris Vian

Trouble dans les Andains, Toutain (1942/43 – 1966)
Vercoquin et le plancton, Gallimard (1943/44 – 1946)
L'Écume des Jours, Gallimard (1946 – 1947)
L'Automne à Pékin, Scorpion (1946 – 1947)
L'Herbe rouge, Toutain (1948/49 – 1950)
L'Arrache-cœur, Vrille (1947/51 – 1953)

ROMANS signés Vernon Sullivan

J'irai cracher sur vos tombes, Scorpion (1946 – 1946)
Les morts ont tous la même peau, Scorpion (1947 – 1948)
Et on tuera tous les affreux, Scorpion (1948 – 1948)
Elles se rendent pas compte, Scorpion (1949/50 – 1950)

NOUVELLES

Les Fourmis, Scorpion (1946/49 – 1949)
Le Loup-garou, Christian Bourgois (1945/51 – 1970)
Le Ratichon baigneur, Christian Bourgois (1946/1951 – 1981)
Les Lurettes fourrées, Pauvert (1946/1949 – 1962)
Contes de fées à l'usage des moyennes personnes, Trois versions, Pauvert (1941 – 1976)

POÉSIE

Cent sonnets, Christian Bourgois (1941/44 – 1984)
Cantilènes en gelée, Christian Bourgois (1949 – 1970)
Je voudrais pas crever, Pauvert (1952/53 – 1962)

JAZZ

Écrits sur le jazz, Christian Bourgois (1946/59 – 1981)
Autres écrits sur le jazz, Christian Bourgois (1949/55 – 1982)
Jazz in Paris, Pauvert (1948/49 – 1996)

THÉÂTRE

L'Équarrissage pour tous, Toutain (1947 – 1950)
Un radical barbu, tome IX des *Œuvres complètes*, Fayard (1950 – 2003)
Le Dernier des métiers, Pauvert (1950 – 1965)
Le Goûter des généraux, Collège de 'Pataphysique (1951 – 1962)
Tête de méduse, Christian Bourgois (1951 – 1971)
Série blême, Christian Bourgois (1954 – 1971)

Le chasseur français, Christian Bourgois (1955 – 1971)
Mademoiselle Bonsoir, Le Livre de Poche (1955 – 2011)
La reine des garces, Le Livre de Poche (1955 – 2011)
Les Bâtisseurs d'empire ou le Schmürz, L'Arche (1957 – 1959)
Petits spectacles, Christian Bourgois (1948/59 – 1980)

SCÉNARIOS

Rue des ravissantes, Christian Bourgois (1941/59 – 1977)
Cinéma science-fiction, Christian Bourgois (1946/1958 – 1964 et 1978)

CHRONIQUES

Chroniques du menteur, Christian Bourgois (1946 – 1974)
Écrits pornographiques, Christian Bourgois (1950/1955 – 1980)
La Belle Époque, Christian Bourgois (1952/59 – 1982)

ESSAIS

Manuel de Saint-Germain-des-Prés, Pauvert (1949/50 – 1974)
Traité de civisme, Christian Bourgois (1950/56 – 1979 – nouvelle édition 2015 au Livre de Poche)
Mémoire concernant le calcul numérique de Dieu..., Cymbalum pataphysicum, Collège de 'Pataphysique (1955 – 1977)

CHANSONS

En avant la zizique, par ici les gros, Le Livre contemporain (1957/58 – 1958)
Derrière la zizique, Christian Bourgois (1953/59 – 1976)
Chanson, Christian Bourgois (1954 /59 – 1984)

OPÉRAS

Chevalier de Neige et autres opéras, Pauvert (1953 – 1976)
Fiesta, Christian Bourgois (1958 – 1982)

PATAPHYSIQUE

Vian et la 'Pataphysique, de Thieri Foulc et Paul Gayot, Le Livre de Poche (2017)

Les *Œuvres Complètes* de Boris Vian sont regroupées en 15 tomes aux éditions Fayard (1999-2003).
Œuvres romanesques complètes, Gallimard, « Bibliothèque de la Pléiade » (2010)

Dans le cadre du centenaire de la naissance de Boris Vian, deux inédits en plus de celui-ci ont paru :

On n'y échappe pas (avec l'OuLiPo), Fayard (2019)
Correspondances, Fayard (2020)

La Petite Collection des éditions Mille et une nuits

En 1993, les éditions Mille et une nuits lancent un concept éditorial révolutionnaire : « le livre à 10 francs ».

Dès la parution du premier volume de la Petite Collection, le succès est immédiat : la *Lettre sur le bonheur* d'Épicure se vend à plus de 100 000 exemplaires.

Depuis, plus de 600 titres ont été publiés : textes essentiels, propositions éclectiques dans les domaines de la littérature, des beaux-arts et des sciences humaines, depuis l'Antiquité jusqu'à nos jours, écrits méconnus de grands auteurs ou textes puissants d'auteurs injustement oubliés.

Accessible à tous par son prix et son format, la Petite Collection s'adresse aux curieux, lecteurs occasionnels ou avertis, esthètes. Elle présente des livres réjouissants, beaux et bons à la fois.

Depuis mars 2020, vos libraires participent à la programmation éditoriale de la Petite Collection. Ils choisissent avec nous, éditeurs, les nouveautés et leurs couvertures. N'hésitez pas à leur faire part de vos envies de lecture !

UN LIVRE A LE MÊME PRIX PARTOUT

Composition réalisée par Belle Page

50.1280.1/11
Achevé d'imprimer en mars 2023
par La Nouvelle Imprimerie Laballery (Clamecy, France).
pour les éditions Fayard, 13 rue du Montparnasse, 75006 Paris
Dépôt légal : juin 2020 - N° d'impression : 302621

PAPIER À BASE DE FIBRES CERTIFIÉES

Fayard s'engage pour l'environnement en réduisant l'empreinte carbone de ses livres. Celle de cet exemplaire est de : 0,250 kg éq. CO_2 Rendez-vous sur www.fayard-durable.fr